「食」の図書館

キャベツと白菜の歴史

CABBAGE: A GLOBAL HISTORY

MEG MUCKENHOUPT
メグ・マッケンハウプト【著】
角 敦子【訳】

原書房

目次

［……］は翻訳者による注記である。

第*1*章◉目立たない野菜

ディオゲネスがキャベツの葉を洗っていると、ちょうどアリスティッポスが通りかかったので、「きみがキャベツでも食べて生きていくことをわきまえていたなら、僭主《せんしゅ》にこびへつらう必要はないのにな」と言ったという。するとアリスティッポスは、「いや、きみが人々と交わって生きることをわきまえていたならば、キャベツなんか洗わなくていいのに」と言い返したのである。

――ミシェル・ド・モンテーニュ『エセー４』／宮下志朗訳／白水社／２０１２年」

キャベツには当惑させられる。これほど愛され一般的な野菜が、同時に軽んじられているのはなぜだろう。多くの代表的な民族料理に欠かせない食材なのに、レストランではほぼ例外なく日陰の存在だ。ここ数十年でビーツやルッコラ、ポートベロマッシュルーム、そしてキャベツの近縁種《きんえんしゅ》のケールでさえ世界的に脚光を浴びつつあるのに、キャベツは料理界ではいまだに補欠扱いだ。ザウアークラウトはベンチスタートだし、そのほかの世界中のキャベツの伝統料理も控え組だ。ドイツの紫キャベツの煮物「ロートコール」、朝鮮半島のキムチ、ポーランドのロールキャベツ「ゴウォンプキ」、あるいはロシアの野菜スープ「シチー」と「ボルシチ」（ただし黒海にいたるまでの全バルカン諸国が伝統料理と称している）、ノルウェーのラムとキャベツの煮こみ「フォーリコール」、アイルランドのキャベツとジャガイモを煮つぶした「コルカノン」、アイルランド系アメリカ人がよく食べる「コーンビーフとキャベツ」、バルカン諸国、中東、東西ヨーロッパのロールキャベツ「サルマーレ」、南米諸国でププサ［トウモロコシ粉生地のパイ］につけ合わせられるキャベツの酢漬け「クルティド」……。

◉多様なキャベツの変種

キャベツに関しては、まずはその定義でさえ一筋縄ではいかない。ヨーロッパと北米に最初に到来したキャベツ、ブラッシカ・オレラセア（学名も *Brassica oleracea*）の葉は結球《けっきゅう》する。葉は小ぶりでパリパリと歯ごたえがあり、ほんのり甘くジューシーだ。だがそれと遺伝的にごく近い種類にはケール［日本では青汁の材料としてよく知られる。結球しない］やブロッコリー、カリフラワーのほかに雑草もある。この雑草はうって変わって、乾燥してみすぼらしい葉をわずかしかつけておらず、おもにヤギの好物になっている。

キャベツの葉は多様で、色は緑か赤、表面のなめらかなものとちりめん状に波打っているもの、結球の固いもの、ゆるいものがある。葉が巻くキャベツと白菜は、外見はよく似ているが、異なる原種から派生している。ヨーロッパのキャベツはケールとカリフラワーの近縁種だが、白菜が遺伝的に一番近いのはカブだ。

ひとつ明らかなのは、キャベツは生き残ってきたという事実だ。数多くの変種が誕生して、塩害［この場合は土壌中に塩分が蓄積されて作物の生育に悪影響が出ること］や害虫、あるいは重金属や旱魃《かんばつ》の害をしのぐ能力を身につけてきた。その一因には、キャベツと同系のアブラナ科の植物が、さかんに交雑《こうざつ》をして新たな品種を作ってきたことがある。

アブラナ科は２０００万年以上前に最初の生物学的な分岐をしたが、その後何千年もかけ、アブラナ科の３原種の仲間同士が交雑を重ねて派生種を作りあげた。それは、ギリシア神話の巨人族ティタンの血族からオリュンポス山の神々が次々と出現したことを思い起こさせる。次にあげるキャベツ３原種の系統は、ティタンとは違ってまだ根絶やしになっていない。

ブラッシカ・オレラセア（*Brassica oleracea* キャベツ）　葉をつけた低木のような野草で、この原種から都合のよい性質を残して現代の結球するキャベツが作られた。またキャベ

カラシナ

クロガラシ

ツになりそこなったものを品種改良したのが、ケール、メキャベツ、ブロッコリー、カリフラワー、コールラビ（茎がカブのように膨らんでいる）である。

ブラッシカ・ラパ（*Brassica rapa* カブ）この原種からは2系統のカブの仲間が派生している。ひとつはおもに根菜として育てられるカブ、もうひとつは葉が食用になる白菜で、後者には多くの変種が存在する。

ブラッシカ・ニグラ（*Brassica nigra* クロガラシ）種子を取るために品種改良された。収穫した種子はインド料理のスパイスとしてひろく用いられており、医療への用途もある。派生種は世界を乗っ取る勢いで増殖している。米カリフォルニア、ハワイ、ニュージーランド、チリ沖合の島々では侵入雑草とみなされており、外来種・在来種ともに南北アメリカ、オセアニア、アジア、北アフリカの広大な地表を覆い尽くしている。

3原種間の自然交雑から、キャベツ様植物の第2グループが発生した。その関係を数式になぞらえると次のようになる。

キャベツ×カブ＝アブラナ（ナタネ）とルタガバ（スウェーデンカブ）の属するグループ（学名 *Brassica napus*）。

キャベツ×クロガラシ＝アビシニアガラシ（学名 *Brassica carinata*）。高温と乾燥に強い。種子から採油し、葉を食用にする。

クロガラシ×カブ＝カラシナ（学名 *Brassica juncea*）。英名でチャイニーズ・マスタードもしくはインディアン・マスタードという。栽培後に種子と葉、根を収穫する。

朝鮮系日本人の植物学者、禹《ウ》長《チャン》春《チュン》（日本名 須永長春《すながながはる》）が1935年に考案した「禹《ウ》の三角形」は、アブラナ科アブラナ属の3異種間でどのような交雑が行なわれて、新種の食用作物が作られているかを示している。

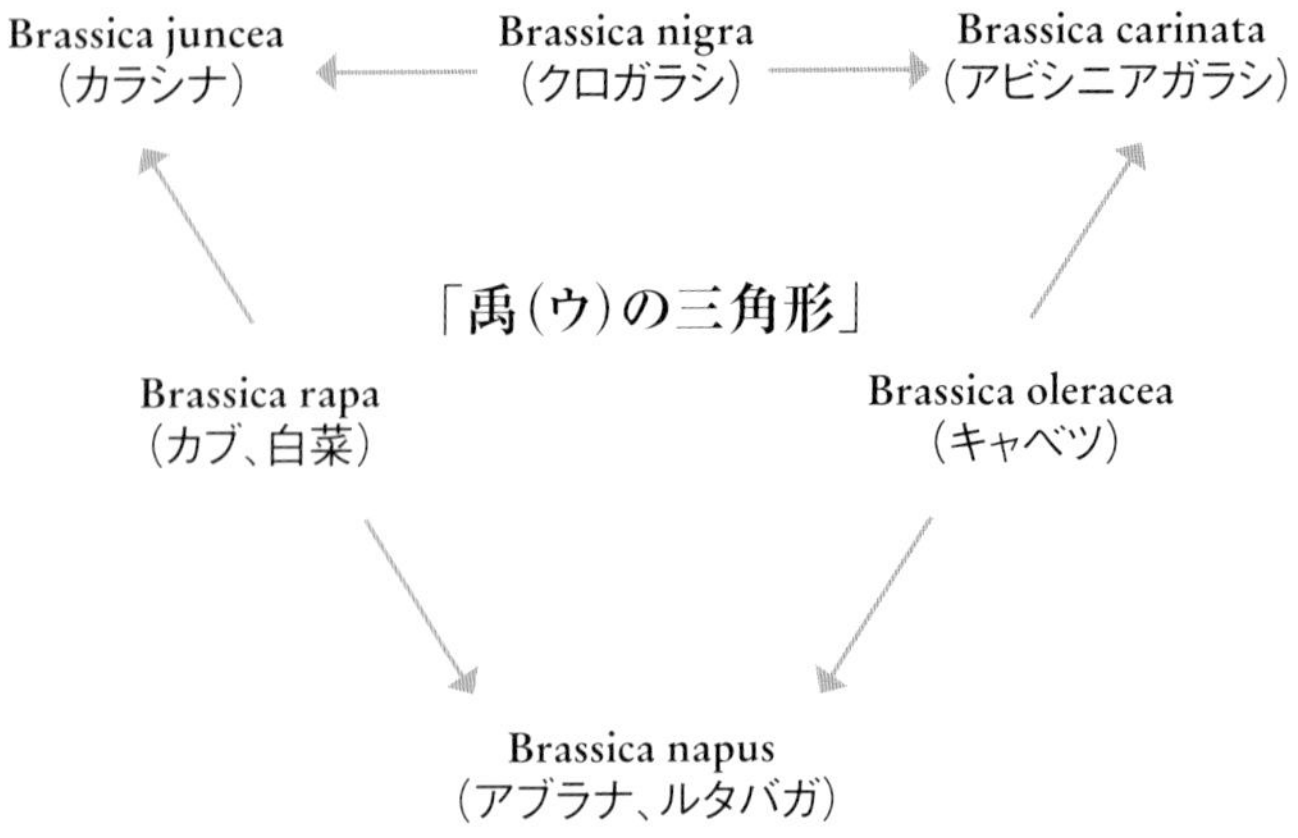

面白いことに、アブラナ属のファンは世界各地で、異種をかけ合わせて外見のよく似た品種を作るコツをのみこんでいるようだ。ヨーロッパのブラッシカ（B）・ラパ種のラピーニは、B・オレラセア変種のブロッコリー（学名 *Brassica oleracea var. italica*）とそっくりだし、アジアのB・ラパ種、白菜は、B・オレラセア種の結球したキャベツ（学名 *Brassica oleracea var. capitate*）と類似している。

アブラナ属の植物なら、結球、長茎、半結球、ちりめん状の縮れた葉などどんな形態もほぼ、ヨーロッパのB・オレラセア種、あるいは中国か東南アジアのB・ラパ種、中国か日本のB・ユンケア（カラシ）種に見出せる。こうした遺伝子の置換は、植物による生体適応ではなく、その地方の料理の傾向に合わせた交雑から起こっているようだ。

ただしこうした興味深い自然交雑と大陸間の移動がいくら続いても、現代人にお馴染みの、結球が固く嫌われ者でもあるキャベツはなかなか誕生しなかった。アブラナ科アブラナ属の野生種がとりわけ多様だったのは、地中海南西の沿岸部とヒマラヤ山脈だった。どこかの時点で、アブラナ属の野生種の筋張って辛味のある葉でも食用になると誰かが判断し、葉が厚くてやわらかく、辛味の弱い個体を選別して栽培しはじめたのだろう。

●大陸起源のキャベツの「出アフリカ」

キャベツの祖先はアブラナ科アブラナ属の植物で、2400万年前に出現して以来、形態をさまざまに変化させている。もともとはサハラ＝シンディアン地帯、つまり現在のアフリカ北西部からインドに広がる細長い地域に生息していた。2300万年前、構造プレートの一連の移動のなかでアナトリアプレート［トルコ界隈に位置する］がアフリカとアラビア半島に衝突した。するとインド洋から地中海が切り離されて、圧縮された大陸のあいだに突如として新しい地峡が形成された。アブラナ科アブラナ属はこの機に乗じて地峡を渡り、みるみるうちに新天地へと広がっていった。

わたしたちの知る結球キャベツの近縁種、ブラッシカ・オレラセアの祖先はさっそく地中海東部沿岸部に移動したが、クロガラシと同属のブラッシカ・ニグラの祖先は、ヨーロッパの中央部と南部に向かった。変幻自在なアブラナ属はギリシアの寝床で多様化して、B・

オレラセア種とB・ラパ種の系統を作りあげた。B・オレラセアは北進してヨーロッパの他地域に分布したが、B・ラパはおよそ200万年前に中央アジアに到達した。

キャベツのややこしさはこれにとどまらない。動物でも野菜でも大半の種にとって、遺伝的な多様性がとくに顕著な場所は、最初に種が出現した場所でもある。アブラナ属はこのルールを無視した。キャベツの原産地は北アフリカで、現在もここが生育地となっている。ところがいったん地中海の東部沿岸部に到達すると、ここでわが世の春とばかりに繁茂した。祖先の故郷から何千キロも離れたところで、新品種を作りだしたのだ。中央アジアと地中海が出会う近東のイラン＝トゥラン地域では、新たな自然雑種が出現している。

それとは対照的に、ドーヴァー海峡に面した崖やフランスの草原に根づいた野生の「アブラナ属作物」は、遺伝的に均質で栽培品種と近似しており、有史以前の「野生」種ではなく「野生化」した作物と思われる。遺伝学と言語学の研究から、キャベツはギリシアではじめて栽培されてから、イギリスに渡っているのがわかる。おそらくそれは紀元前6～8世紀、現在のスペインにあたる場所にケルト人が侵略したあとのことだったと思われる。

●野生キャベツの栽培

栽培されはじめた頃のキャベツは、葉を食べるために育てられたのではない。種子が目的だったのだ。白菜はブラッシカ・ラパの変種で、キムチなど数多くのアジア料理の要となる食材として愛用されている。インドと中国には脂肪種子を採取できる植物として導入された形跡がある。中国の西安郊外の半坡《バンポー》遺跡からは6000年以上前のブラッシカ・ラパの種子が発掘されている。また、通常のシルクロードの交易路を通って、中国とインドにそれぞれ特徴的なブラッシカ・ラパの変種が2種類以上運びこまれたことが遺伝学的に証明されている。

かたや、現在のイラクのハファージャ遺跡にある楕円形の寺院では、燃え残ったアブラナ科植物の脂肪種子が見つかっている。紀元前3000年前後の野生のカラシもしくはラディッシュ（ハツカダイコン）のものと思われる。

紀元前1500年にまでさかのぼるインド・アーリア語の文献には、脂肪種子作物についての記述がある。インド人は紀元前1000年のサンスクリット語の文献でもブラッシカ・ラパを「シッダールタ」（釈迦の別名）と呼び、ハカラシナの一種イエローサルソンとして記録している。

脂肪種子をつけるブラッシカ・ラパは、西暦1世紀に中国に移入されたのだろう。17世紀の中国では、白菜（Chinese cabbage）の種子は重要な農産物だった。この頃に書かれた「天工開物《てんこうかいぶつ》」［当時の産業・科学技術について解説した本］には次のような記述がある。「食用油として最上なのはゴマの種子、カブの種子、キダイズ、白菜の種子である」。著者によれば、現代の単位に換算して白菜の種子12リットルから3リットルの油が搾れたという。この搾《さく》油《ゆ》量はナタネとほぼ同量で、ゴマとくらべるとかなり落ちる。

アブラナ属でも葉菜《ようさい》として栽培されたパクチョイ、つまり軸の青いチンゲンサイは、茎が太く葉の巻きがゆるい。遺伝子と葉が変化した野生型変種の数から察すると、最初に開発されたのはこちらのようである。

かたや半結球の白菜は、10世紀の揚州《ようしゅう》でパクチョイとカブの交雑から生まれた。中国では17世紀に品種改良で葉の巻きをきつくしており、19世紀にはそうしてできた流行の新しい白菜が日本に渡った。根出葉《こんしゅつよう》［植物の茎が極端に短く、根または地下茎から直接出ているようにみえる葉］を群生《ぐんせい》させるミズナとミブナは、日本人の農民が白菜の変種を選んで、日本特有のカラシナ（学名 *Brassica juncea*）種の植物と交雑させて作ったものだ。

◉キャベツの名称

言語学と遺伝学の研究から、ブラッシカ・オレラセアを原種とするキャベツは、はじめギリシアとローマの庭師の手で栽培が可能になり、その後古代ローマ軍とともにヨーロッパ全土に広がったことがわかる。そしてそれが古代の植物学にキャベツとケールが登場した唯一の例である。

紀元前8世紀末のバビロニア王マルドゥク＝アプラ＝イディナ2世、別名メロダク＝バラダンは庭園を所有していたが、そこで育てられていた植物にも含まれていない。大英博物館にある楔形文字の粘土板には、メロダク＝バラダンの庭園で育てられていた植物の名がアッカド語で61種類列挙されている。そこにレタス、キュウリ、タマネギ、ニンニク、ビーツ、ラディッシュ、カブなどのアブラナ属植物はあるが、キャベツの名はきざまれていないのだ。

また、聖書やユダヤ教の律法集「ミシュナ」、古代インドの哲学書「ウパニシャッド」にも多くの野菜が出てくるが、キャベツについては言及されていない。アブラナ科アブラナ属では、キリスト教の新約聖書にブラッシカ・ニグラが登場するのみだ（「もし、からし種一粒ほどの信仰があれば……」マタイによる福音書17章20節）。

考古学者のなかには、古代エジプト人がキャベツを栽培していたと主張する者もいるが、当時のヒエログリフで書かれたものにもパピルスの古文書にも、キャベツを意味する言葉はひとつも出てきていないと見られている（もっとも近い語は「shaut（シャウト）」だが、「野菜」の意にもとれる）。古代エジプト語で「キャベツ」を意味する特有の言葉はない。そのためさまざまなエジプトの方言にある呼び名が、古代ギリシア語でキャベツを表す「κράμβη（クランベ）」に由来しているのはまちがいないと思われる。

アメリカで栽培された「ベビー」パクチョイ（成長する前に収穫）

ヨーロッパのどの地域においても、キャベツを表す言葉はほぼローマかギリシアに起源がある。ギリシア人はキャベツを指すのにβράσκη(ブラスケ)、καυλός（カウロス）、κράμβη（クランベ）、κῦμα(クイマ、キャベツの新芽のこと)、ὄλυρα(オリラ)、ῥάφανος（ラパノス）といった語を用いた。

一方古代ローマではラテン語のbrassica（ブラッシカ）、caulis（カウリス）、crambe（クランベ）、cyma（キュマ）、holus（ホルス）などを使った。「ブラッシカ」は「切る」を意味するpraesica（プラエシカ）、もしくは「音をたてる」を意味するbrasso（ブラッソ）に由来するようだ。後者はキャベツを割ったときの音から来ているのだろう。

ローマ人がアブラナ属作物を指すのに使ったギリシア語由来の言葉「caulis」（カウリス）は、

ギリシア語で「槍の柄」もしくは「茎」を表す言葉を語源としている。ちなみに昔のケールの目立つ特徴は、ひょろ長い茎だった（陽気なローマ人はこの言葉を取り入れると、ついでながら「ペニス」の意味もつけくわえた）。その後ローマは槍の鋭い切っ先を突きつけながら、ヨーロッパ中の何十もの言語にこの言葉を広めた。ドイツ語の kohl（コール）、英語の kale（ケール）、ポルトガル語の couve（コウヴィ）はすべてローマの言語に起源がある。アイルランド語の braissech（ブラシャク）もウェールズ語の bresych（ブレシハ）もそうだ。

中世になると、ラテン語で頭を表す caput（カプト）がキャベツを表すようになり、英語の cabbage、ロシア語の капуста（カプスタ）、古期フランス語の caboche（カボシュ）、そしてその流れを汲む現代仏語の chou（シュー）へと派生した。英、仏、西、伊など、ラテン語を母体にして中世以降に成立したロマンス諸語の数例とドイツ語は、ローマから来た caulis（キャベツもしくはその茎を意味する）に由来する言葉を使っている。たとえばドイツ語の kohl、アイルランド語の cal（カル）などだ。ただしゲール語、ウェルシュ語などのケルト諸語の bresich（ブレシー）と brasic（ブラシー）のもとになっているのは、ローマの brassica である。

イギリスの「野生」型のキャベツはすべて遺伝的に均質であると見られている。このことから、栽培品種が野生化したのではないかと考えられる。また、キャベツを表す語がことごとく古代ギリシア語を語源にしていることから、アイルランド人やウェルシュ人などを含むケルト族とイギリス人は、キャベツを気に入ってギリシアの貿易商から入手していた可能性が高い。おそらくそれはかなり早い時代——紀元前600年頃だったと考えられる。海を隔てたフランスのマッサリア（現マルセイユ）にギリシアが植民地を建設した時期である。

ギリシア人かローマ人、ケルト人のいずれかが紀元前1世紀にキャベツを栽培しはじめたと、さまざまな著作家が主張している。ふさふさと葉を茂らせるケールがギリシアの文献に登場するのは紀元前6世紀以降だ。ギリシア人はケールを3種類に分けて満足していたが、その分類自体が時間の経過とともに変化していった。

植物学の祖テオフラストスは、紀元前4世紀に葉がちりめん状になるもの、縮れていないもの、野生種に区別した。ところが紀元前3世紀の哲人エウデモスは、それを海岸植物と、葉に縮れがない種類、セロリに似た種類と表現した。紀元前2世紀に教訓叙事詩を書いたニカンドロスは、ケールには葉が縮れているもの、縮れていないもの、紫色をしているものの3種類があるとした。こうした分類に「結球」、「貧者のみにふさわしい野菜」、「ゆでると悪臭がする」という言葉がないことに注目したい。

ギリシア人はキャベツに執着しなかったが、ローマ人はこの野菜をべたぼめした。ローマのマルクス・カトーは「農業論 *De Agri Cultura*」で、「キャベツ礼賛」として広く知られる項目を掲げている。カトーは冒頭で「キャベツの薬理効果は、あらゆる野菜をしのぐ」と述べてから、ギリシアの医学文献からそのまま抜きだした妙薬キャベツの働きを何十種類も列挙している。ところがカトーは、ギリシア語に由来する「ブラッシカ」という語を、ローマ人が入手できる野生のケール全般を意味するものと理解しつつ、そのすばらしい薬効を述べているようなのだ。

結球したキャベツに言及した最初の記録は、大プリニウスのものとされている。この博物学者は西暦77年の「プリニウスの博物誌」〔中野定雄・中野里美・中野美代訳／雄山閣出版／1986年〕のなかで、キャベツを使った87種類の薬をあげている。カブはそれとは対照的に、それよりはるかに以前の遅くとも紀元前722～711年には、バビロニアのメロダク＝バラダンの庭園で栽培されていた。

●キャベツは嫌われていた？

だが古代ローマでですら、野菜のえせ専門家はキャベツをおとしめようとしていた。大プリニウスの伝えるところによると、美食家のアピキウスはキャベツの若い芽を毛嫌いしていた。すると若い小ドルススもその真似をして、父である皇帝ティベリウスに「気難しすぎる」、好みにうるさく鼻もちならないと叱責されたという。

それ以上にキャベツが貧者の食べ物であるという考えに傾いていたのは、ローマの詩人オウィディウスだった。オウィディウスは「転身物語」〔田中秀央・前田敬作訳／人文書院／1966年〕のなかで、貧農の実直な老夫婦、ピレモンとバウキスのもとを最高神ユピテル（ゼウス）とその息子のヘルメスがふらりと訪れたときのことを物語っている。老夫婦は突然の神の来訪にもかかわらず、かき集められる精一杯のごちそうを変装した彼らに出した。といっても、ゆでたキャベツの上に塩漬けにした豚肉の小片1枚を載せただけである。ピレモンとバウキスの家は「見るからにちっぽけな、わらと萱《かや》でふいたみすぼらしい家」〔田中・前田訳〕であったから、キャビアとシャンパンでのもてなしというわけにはいかない。第一、よほど貧しくなければキャベツを食べる者などいなかった。ユピテルは老夫婦の心遣いへの礼として、その願いをかなえて「絡みあう」2本の木の姿に変えてやった――キャベツではなかった。

ローマ人が「キャベツの芽（caulicauli カウリカウリ）」という言葉で厳密に何を指したのか、多くの著作家が問うてきた。皇帝ディオクレティアヌスが301年に出した6度目の最高価格条例では、キャベツの芽1「束」は、一級品のキャベツ5個、もしくは2級品のキャベツ10個と同等の価格とされていた。「芽」は実際にはブロッコリーだったと主張する著作家もいたが、それを裏づける証拠はない。

イギリスの崖に野生のキャベツが生えているのは、ケルト族の征服時代からキャベツがイギリスに入りこんでいた証拠だと述べる文筆家もいる。しかしながら、それ以上にこうして雑草化した小さな植物は、輸入されたキャベツの子孫である可能性のほうがはるかに高いのだ。古代ギリシアの書物には、キャベツが栽培される環境に、自生する野生のアブラナ科アブラナ属の植物が放置されていると、たちまちギザギザの小さな葉に先祖返りする、と書かれている。

学者のアテナイオスが紀元前3世紀に著した「食卓の賢人たち」〔柳沼重剛訳／岩波書店／1992年〕の示唆に富む記述には、キャベツが人の手を経た可能性のある道筋がいくつか示されている。「ロードスからアレクサンドリアに種子をもちこむと、一年目は甘いキャベツができるが、その後は地元の環境に順化してしまう」。アテナイオスはさらに次のように述べている。

表皮がなめらかなのがキャベツなのだが、ときには野生の状態で多くの葉を生やしたり、種をまいた菜園で丸まらずに伸び放題になったりもする。茶色がかった葉をつけて巻きひげで分岐したり、紫がかってぼさぼさの髪のようになったり、あるいはまた汚い緑がかった色合いで中がくぼんだ葉が、サンダルをひっくり返して修繕するときの底革のようだったり。これが先人が野菜の聖なる預言者と呼んだ植物なのだ。

12世紀の朝鮮の農民も、自然交雑していないアブラナ属を毎年栽培するためには、種子を遠方から——つまり、白菜の種を北京から——取り寄せる必要があった。この問題は何百年も解消されなかった。フランスの農学者オリヴィエ・ド・セールは、著書「農業経営 *Théâtre d'agriculture et mesnage des champs*」（1600年）のなかで、緑のキャベツはどうしても年々劣化するので、農民は毎年新しい種子をスペインとイタリアから入手しなければならない、と述べている。スペインのトルトサ、イタリアのサヴォナ、フランスのブリアンソンといった場所から取り寄せたのだ。生物学者のグレゴア・メンデルが遺伝子交雑の謎を解き明かしたのは、それからはるか未来の19世紀だった。

近代ヨーロッパで、キャベツは神話の世界の仲間入りを果たす。16世紀、フランスの物語作家フランソワ・ラブレーは、風刺物語「ガルガンチュアとパンタグリュエル物語」［渡辺一夫訳／岩波書店／1996年］で、ギリシア神話のなかのキャベツの起源にまつわるエピソードを創作した。ふたつの矛盾する預言を突きつけられたゼウスが、あまりにも頭をひねりすぎて汗をしたたらせ、その汗が地面でキャベツになったという、有名な話である。だが、この物語の昔からある古典的バージョンでは、ゼウスは獲物を必ず捕まえる猟犬ライラプスと、絶対に捕まらないテウメーッソスのキツネのパラドックスを、単に両者を石にすることで解決している。キャベツはラブレー流のちょっとしたおふざけだったわけである。

ヨーロッパのキャベツは、長いあいだ人の役に立つことはなかった。また、キャベツとは何かという認識自体が変わりつづけたので、現代の結球キャベツがヨーロッパとアジアにいつ、どのようにして広がったかを正確にたどるのは困難だ。くわえて、古代ローマ時代から知られていたとはいえ、この寒冷地に適合した植物が、どのようにして北に移動したかもくわしくはわかっていない。

キャベツを結球させたのはローマ人だが、14世紀のイギリスの料理書「カレーの本 *The Forme of Cury*」が登場するまでは、結球について記載した文献はヨーロッパでは見当たらない。この本のレシピでは、スープの材料「キャボッシュ」（フランス語で「キャベツ」の意）が4等分されている。ケール1束を4等分するというのは考えにくい。エリザベス女王時代のイギリスでは、「cabbage」（キャベジ）は結球を意味し、この植物自体は cabbage-cole（キャベジ＝コール）もしくは colewort（コールワート）と呼ばれた。また colewort はキャベツだけでなく、ケールやケールの変種のコラードも意味した。トルコでは1502年にオスマントルコ皇帝のバヤズィト2世がブルサ物価統制令を発して、キャベツの価格を4オカ（5キロ）で1アクチャと定めている。これはニンジンやスイカ、塩と同じ値段だった。

15世紀のキャベツの収穫。イブン・ブトラーン著「健康全書 *Tacuinum sanitates*」より。

ピーテル・アールツェン作「市場風景」（1569年／油彩、板）

16世紀のオランダとフランドルの画家はキャベツに魅了されており、「野菜の露店」のような題がつけられている絵画でよく重要なモチーフとした。16世紀のオランダ人画家の絵を調査した植物学者は、「白い」キャベツの数がカリフラワーを4対1の比率で上まわっているのに気づいた。ケールの絵はゼロである。当時の食品輸送と市場規制について調べてみると、オランダ市場では、キャベツ、カブ、ニンジン、パースニップ、タマネギ、ニンニク、リーキ、パセリといった、わずかな種類の野菜が圧倒的に多く供給されていた。

キャベツはこうした絵画のエロチックな場面に登場する。女の野菜売りが客に胸をつかませておきながら、キャベツをひっくり返して乳首のような根を見せている。フランドルの画家ヤーコブ・ヨルダーンスの絵では、母親がキャベツ1個の周囲に置いたカブを思わせぶりに指さし、画面の隅では半裸の幼い息子が壁にもたれかかっている。子供がキャベツから生まれるという考えは画家の思いつきではない。17世紀のオランダの文献にも記されており、そのはるか昔からあったと思われる。

◉白菜とそれ以降の品種

キャベツは自然交雑して繁殖する。アブラナ科作物は互いに品種が異なっても交雑しやすいため、イタリアから朝鮮半島にいたるまで、野生のアブラナ属が生えている地域に住む農民は、千年以上ものあいだ、安定してキャベツを発芽する種子を遠方の商人から買わざるをえないことに苦労してきた。

中国ではアブラナ属の種類があまりにも豊富なので、食文化のなかでどのように使われてきたのかをひと言で説明するのは難しい。この国では、キャベツの変種すべてが大変な人気を集めているようなのだ。代表的なものに、ブラッシカ・オレラセア属の緑色の古きよき結球キャベツにくわえて、カラシナ（芥子菜。学名 *Brassica juncea*）、カイラン（芥蘭。学名 *Brassica oleracea var. alboglabra*）、白菜（学名 *Brassica rapa var. pekinensis*）、パクチョイ（白菜《しろな》。学名 *Brassica rapa var. chinensis*）がある。

パクチョイとカラシナの栽培には中国南部が適しており、白菜北部が適している。白菜は西洋のキャベツと同じく冷涼な気候を好むのだ。ある品種は、ほぼどの季節でも出まわっているが、中国中部と南部の住民はひどい猛暑になると、ヨウサイ（空心菜《くうしんさい》）、英名「swamp cabbage」（「湿地のキャベツ」の意。学名 *Ipomoea aquatica*）でしのごうとしたりする。ただしヨウサイはキャベツとは遺伝的なつながりはなく、サツマイモ（学名 *Ipomoea batatas*）の仲間だ。１９２０年代に北京の低所得世帯を対象に行なった調査では、白菜だけで野菜にかける出費の25パーセントを占めていた。

白菜が西洋社会に浸透するまでには長い時間がかかった。１８８８年、ロンドンのキュー植物園が白菜の栽培を開始したが、30年を過ぎてもキュー以外で試験栽培した園芸家らから賛否両論が寄せられた。ある者は「野菜としての価値が高く、晩秋のサラダとして秀逸だった。白くてシャキシャキしていて、夏の旬のロメインレタスのような苦味がある」と報告しているが、他の者は「ヨーロッパに住む人間の観点からすると、栽培する価値のある白菜の変種は皆無である。西洋のキャベツとくらべると風味ははなはだしく劣る」と報告している。

ヨーロッパの人々はアブラナ属のいくつかの特徴のみにこだわって変種を作るのを好み、それを乱すキャベツの多様な葉菜には手をつけてこなかった。ブロッコリーの名称はイタリア語の「brocco」（ブロッコ。「枯れた枝」の意）とラテン語の「brachium」（ブラーキウム。「上腕」の意）に由来している。

古代ローマ人の記述に多い「Cyma」（キュマ）が、ブロッコリーのようなものなのか、あ

パクチョイ（学名 *Brassica rapa var. chinensis*）の断面

スーパーマーケットに並べられたブロッコリー（学名 *Brassica oleracea var. italica*）

るいはキャベツの新芽か、それとも別の若くてか弱いアブラナ属植物自体を指しているのかについては激しい論争が行なわれてきた。この問題についての最初の信頼のおける記述は、フランスの植物学者ジャック・ダレシャンの著書「一般植物誌 *Historia generalis plantarum*」（1586年）にある。18世紀のイギリスの著作のなかには、キュマを「イタリアのアスパラガス」としているものや、「ブラック・ブロッコリー」と呼んで白いブロッコリー、つまりロマネスコと区別しているものもある。18世紀にはオランダ語と英語の書物に「borecole」（英 ボアコール）という語も出てきているが、この言葉はさまざまなケールを表していた。

カリフラワーも新参者である。科学者は遺伝子構造の解析にもとづいて、ブロッコリーのある遺伝子が突然変異した品種と結論づけた。ジキル博士が血清を飲むだけでハイド氏に変身するようなものだ。ブロッコリーの奇形ではなく、カリフラワーにまちがいない記録としてわかっている最古のものは、1140年のヤフヤー・イブン・ムハンマド・イブン＝アル＝アワーンの著書「農書 *Kitāb al-Filāḥa*」に登場する。この農業教本の著者はムーア系スペイン人で、カリフラワーを「シリアのキャベツ」「モスル・キャベツ」「カルナビッツ」などのさまざまな名称で呼んだ（「カルナビッツ」は現代アラビア語でカリフラワーを表す言葉になっている）。

カリフラワーではないかと思われるものは、1226年に編纂された「バグダード料理

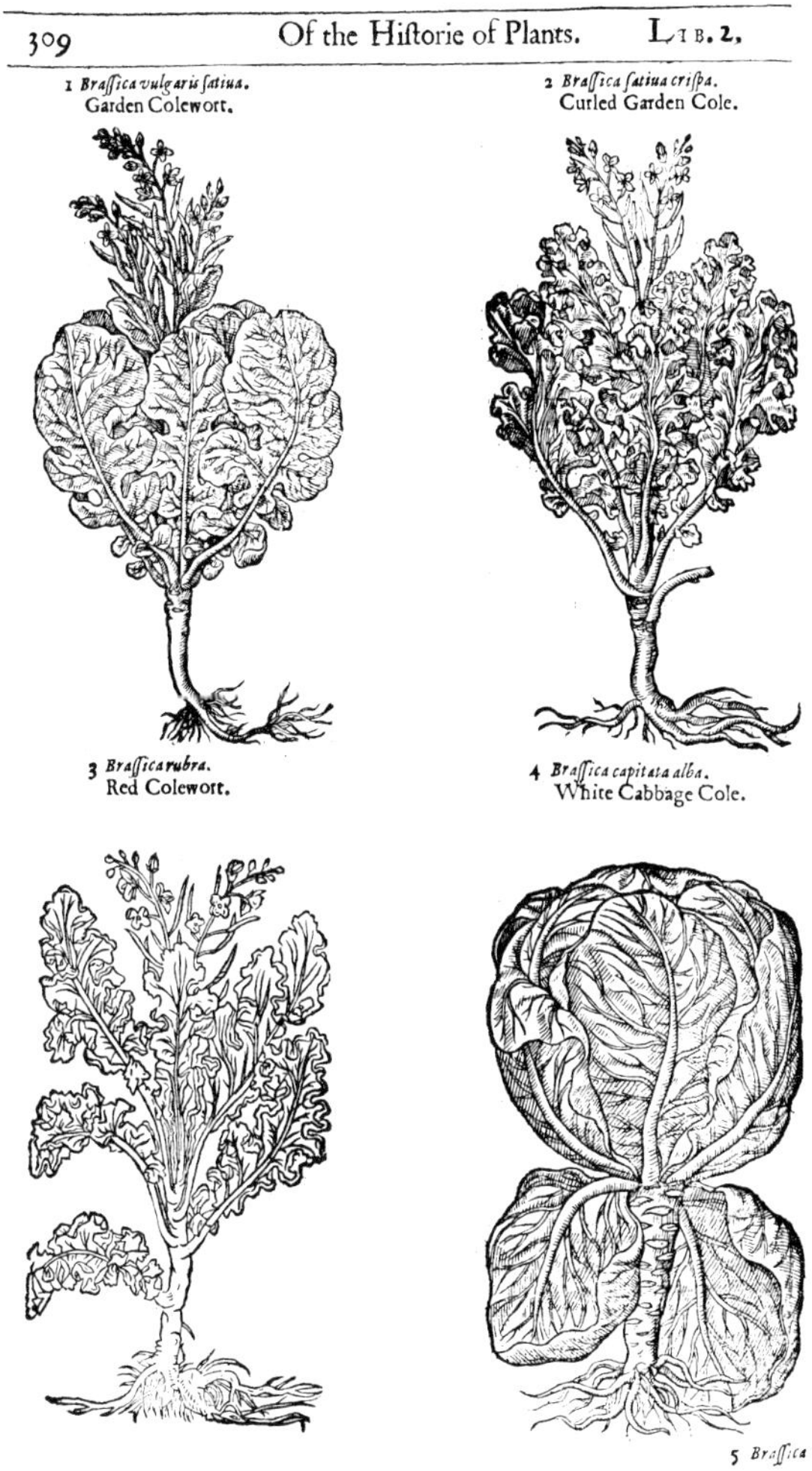

「コールワート類」。ジョン・ジェラルド著「本草または植物の一般史」（1644年）より。右下が「白キャベツ・コール」。

の書 *Kitāb Al-tārīkh*」にも登場し、同書では「白キャベツ」が特集されている。1583年にはフラマン人の植物学者レンベルト・ドドエンスが、ヨーロッパ人としてはじめて最新流行の植物を記録して、「カリフラワー・ブラッシカ・キュプリア」(「キプスから来たキャベツ」の意)と呼んだ。1633年には、ジョン・ジェラルドが著書「本草または植物の一般史 *The herball or Generall historie of plantes*」の補訂版で、「Cole-florey」(コール＝フローリー)を大きく取り上げている。

メキャベツ(ブリュッセル・スプラウト)が14世紀に開発されたのは、奇しくもブリュッセルの近くだったという。そして1481年にはこれもまたブリュッセルで、ブレドロー デ公の盛大な結婚式の披露宴でふるまわれたと伝えられている。

アブラナ科アブラナ属の作物は、南北アメリカにはヨーロッパ人の到来とともに伝わったと一般的に言われている。南北アメリカにも在来種のアブラナ属はあるが、葉ではなく根を目的に栽培され、しかも昔から人気のある食材ではなかった。

アメリカのキャベツの近縁種で真っ先に思い浮かぶのは、マカ(学名 *Lepidium meyenii*)である。収穫後に根を乾燥させ、グルコシノレートという刺激性のある成分を減少させてから食する。マカは20年前まではさして人気がなかった。ペルーのフニン湖周辺以外で栽培された形跡はほとんどない。1980年代には総作付面積が史上最低の150ヘクタールにまで

「スカンク・キャベジ」ことザゼンソウ（学名 *Symplocarpus foetidus*）

縮小した。ある研究者は、マカをはじめて体験した者はたいてい不快に感じると指摘している。酷評された根の人気が突然沸騰したのは、女性の更年期障害に効能のある万能薬、さらには「天然のバイアグラ」として販売業者が近年宣伝するようになってからである。抽出物をさまざまな形で稀釈したものが、先進諸国ならスーパーマーケットでも売られている。

●キャベツ（もどき）

名称に「キャベツ」がついていても、実際にはキャベツとは別物の植物は数多くある。ザゼンソウ（学名 *Symplocarpus foetidus*）は英名を「スカンク・キャベジ」（Skunk cabbage）といい、北米の湿地帯ではお馴染みの植物だ。食べられないことはないが、あえて挑戦する者は少ない。というのも花と葉が強烈ににおうからだ。そのにおいにつられたハエが寄ってきて受粉する。

亜南極の島々には、マッコーリー島キャベツ（学名 *Stilbocarpa polaris*）、ケルグレン・キャベツ（学名 *Pringlea antiscorbutica*）と船乗りに名づけられた植物がある。後者の学名「antiscorbutica」の意味が「抗壊血病《かいけつびょう》」であるように、長期の航海をする水夫は壊血病を予防するために、これらの植物を調理して食べていた。実際に効き目はあったのだが、このキャベツもどきの食材としての評価は分かれていた。1821年に南極大陸を周航したロシア人のファビアン・フォン・ベリングスハウゼンは、マッコーリー島キャベツについて次のように書いている。

根の味はキャベツに似ている。アザラシ猟師は茎と根をこすってはがすと、みじん切りにしてスープを作る。われわれはこのキャベツを大量に船に運びこみ、乗組員の食料とした。根は将校に出すときにはピクルスにした。保存したキャベツで作ったシチー［ロシアの野菜スープ］がとてもおいしかったので、もっと用意しておけばよかったと全員が後悔した。

ケルグレン・キャベツの挿画。ジョセフ・ダルトン・フッカー著「南極の植物相　1839～1843年の調査船エレバス号とテラー号の遠征誌 *The Botany of the Antarctic Voyage of HM Discovery Ships 'Erebus' and 'Terror' in the Years 1839-1843*」（1844年）より。

上：ケルグレン・キャベツ（学名 *Pringlea ascorbutica*）

下：ケルグレン・キャベツ（1850年、J・ナンの著書より）

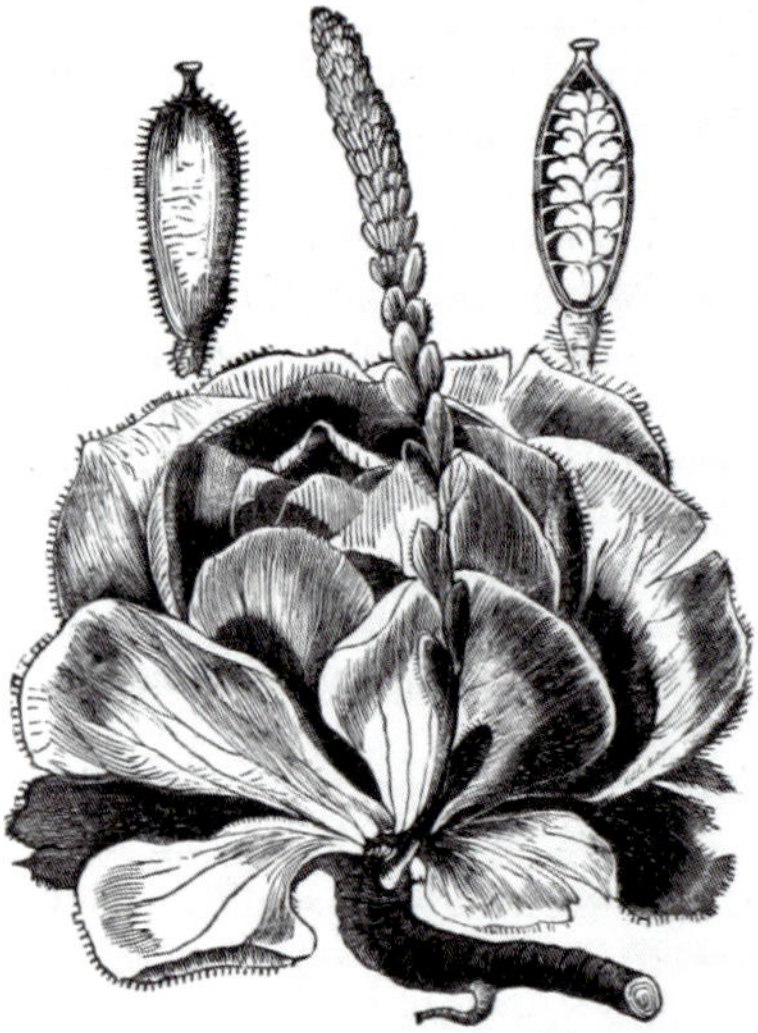

その1世紀後、スコットランド人の鯨獲り、J・インチズ・トムソンは、マッコーリー島キャベツについて「パースニップ［セリ科の根菜。白いニンジンのように見える］とキャベツが合わさった感じで、とりたてて美味なわけではない」と書き残している。イギリスの植物学者ジョセフ・ダルトン・フッカーは、1839～1843年に南極遠征に出ており、ケルグレン・キャベツについて次のように述べている。

長らく塩の供給も制限されている乗組員にとって、いや、むしろどのような状況にある人間にとっても、これは非常に重宝する野菜である。というのも、英語の同名野菜［キャベツのこと］の長所を基本的にすべてもちあわせているからだ。……しかも精油を豊富に含んでいるのに、ふつうの香味野菜を食べたときにありがちな、胸やけなどの不快感を覚えることが一切ない。……根はホースラディッシュのような味がして、若い葉や芯の部分は、粒マスタードとカラシナに似た味がする。130日間、わが乗組員にこれ以外の生野菜は不要だった。9週間欠かさずに牛肉または豚肉の塩漬けとともに出したが、その間船上で体調を崩した者はいなかった。

フランス人の船乗りで探検家のレイモン・ラリエ・ドゥ・バティは、1907年から

1914年にかけて、何回か南インド洋のケルゲレン諸島で過ごしている。そのバティによると、

われわれがこの植物を山ほど集めて料理に使ったのは、血液を濁らせないために野菜を切実に必要としていたからだ。とはいえ、ケルグレン・キャベツは理想的な青野菜ではない。最強のホースラディッシュなみの刺激的なにおいと苦さがあるので、2度ゆでないと食べられない。最初にゆでたとき煮汁は濃い黄色になるが、2度目にはかなり澄んでくるので、キャベツはこの時点で食べられるようになる。これをソースにしたり、細かくきざんで缶詰の肉とともにシチュー鍋に入れたりするのだ。

ひどいにおいの植物でも、見た目は葉の広がった畑のキャベツのようだったので、こうした人々はなんとか食べられる粘り強く工夫する気になったのだろう。

第2章◉現実と空想の世界のキャベツ

キャベツはいつの時代も肉体と魂に薬効を示してきた。1760年代のキャプテン・クックの水夫は、ザウアークラウトのビタミンCのおかげで甲板にモップをかけつづけられたが、他の船の乗組員は壊血病でばたばたと倒れていった。現代の医師も、授乳中の乳腺炎の腫れにはキャベツの葉で湿布するように勧めている。ビタミンの発見により食べることは知識と食欲のせめぎ合いになったが、その前からキャベツは、古代ギリシアの女性には産後の魔除けとして、古代ローマ人には万能薬として食されていた。

キャベツの薬効については、全部とは言わないまでもほとんどに科学的根拠がある。だがキャベツの力がおよぶのは肉体にとどまらない。アメリカ南部では元日にキャベツの葉を食べるとその年の金運が上昇すると言われている。ドイツやオランダ、ベルギーでは何百年ものあいだ、赤ん坊は「キャベツの葉の下」から見つかっている。魔女の箒《ほうき》やグリム童話の小人の糸車のように、キャベツは――ありふれていて、とかく忘れられやすいが――とてつもない魔力を秘めているのだ。

●現実のキャベツの生育

キャベツは栄養豊富なうえに順応性のある植物だ。地中海地方の微風のなかでも、陰鬱なバルト海地方の霧雨のなかでも、変わらず豊かに結球する。アラスカ人は62キロにもなる巨大キャベツを育てるが、誇り高いユーコン川付近の住人は、こうした珍奇な野菜は「商業的観点からは価値がない」と認めている。キャベツは冷涼な気候に適した野菜であり、15～20℃の温度でよく生育するが、5℃まで気温が下がっても成長し続ける。まだ小さいうちのキャベツの苗なら、1～2晩程度ならマイナス12℃の寒さにも耐えられる。

古代もしくは中世のキャベツの生育法についての記録は、わずかしか残っていない。その一因には言葉の問題がある。スウェーデンのような一部の国では、キャベツを表す「コール kål」は、レタスからカブまで、緑の葉が食用可能な野菜すべてを意味する。そうなったのは、キャベツが何の苦もなく育つからかもしれない。この野菜はいわば「雑草」が先祖であり、農地であればどこでもすぐに芽を出し、肥料や日照時間や温度に注意を向ける必要もない。

「バーピーの農場年鑑」（1882年）より、代表的な結球キャベツの種類。

あまりにもありきたりだからだろう、技官などがわざわざ生育方法や生育地の記録をつける気にならなかったということを示す証拠もある。歴史家のアントン・C・ゼーフンが解説しているように、

オランダに関しては、記録史料の多くにキャベツやリーキ、タマネギ、その他数種類の野菜についての記述がある……こうした作物は菜園で育てられていたのに違いないが、記録にはこの種の菜園についての説明はないし、めったに言及されていない。

同様の問題はポーランドのグダニスクでも起きている。「14世紀になると……〔保存された〕植物標本にブラッシカ・オレラセア（*Brassica oleracea* キャベツ）、B・ラパ（*B. rapa* カブ）、パスティナーカ・サティヴァ（*Pastinaca sativa* パースニップ）は残っているのだが、当時の文書には記述されていない」。キャベツの生育方法を判断するうえで、記録としてわずかでも成立しているのは絵画だ。たとえば、1563年頃に描かれたピーテル・ブリューゲル（父）の「バベルの塔」は、都市のキャベツ園を目立つように中央近くに配している。

数少ない例外が、「園芸のコツ *The Feat of Gardening*」（1440年）と題された、マスター・ジョンなる人物の著書である。「ワート」（wort）は、アブラナ科アブラナ属の葉物野菜なら、

ピーテル・ブリューゲル（父）の「バベルの塔」（1563年）から、キャベツ菜園（中央左寄りの壁の後ろ）を部分拡大したもの（油彩、オーク板）

E・フィリップス・フォックス作「キャベツ畑 *The Cabbage Patch*」（1889年／油彩、キャンバス）

キャベツ、ケール、コラードなどすべての品種に使える言葉だ。同書のワートについての項は次のような警句で始まっている。「主人よ下僕よ／ワートを食べなさい」

マスター・ジョンはワートの栽培方法についてくわしく述べているが、収穫の方法は現代のキャベツとは異なる。きれいにまとまった結球を秋に丸ごと収穫するのではなく、ワートの場合は定期的に葉をちぎりながら秋が終わるまで育てるのだ。そのため、マスター・ジョンは種まきの時期を5月、7月、11月、3月に分けることが肝心だと強調している。若いワートは種まきから6週間もすれば葉を取ってもよい、としている。だが現代の結球キャベツは、収穫するまで2か月以上は必要だ。ただし収穫を急ぐ必要はない。イチゴや若いレタスとは違い、結球したキャベツは葉が密に詰まった丈夫な野菜であり、多少収穫の時期を延ばしておいても支障はない（もっともカチカチに凍ってはだめだが）。キャベツのこの特性は、人手不足の農家にとってはメリットになる。

赤キャベツは、1150年にはドイツで、1600年にはイギリスで栽培されていた。19世紀末には輸送手段が発達して遠隔地間のキャベツの売買が可能になった。米国では、夏のあいだは北部の生産者が南部にキャベツを供給し、北部の人々が冬に貯蔵した分を食べ尽くした早春には南部の生産者がキャベツを北部に送った。今日の農家は――気候がとりわけ悪い場所では――キャベツの種子を直播《じかま》きするか苗を早春に畑に植える。キャベツはさまざまな品種改良がなされており、寒さや暑さ、病虫害などに耐性をもつ種類ができている。

ただし今の農家にはかつてほどの選択肢はない。農業が産業化された結果、19世紀までに作り出された伝播作物の多くが姿を消しているのだ。1903年には、アメリカの農家は種子販売会社からキャベツの変種544種類を買うことができた。ところが1983年になると、米国立種子保存研究所（現在の国立遺伝資源保存センター）に残っているのはたったの28種類になっていた。

今日、アブラナ科アブラナ属の生産で世界をリードしているのは中国だ。2007年にはさまざまなキャベツ類3600万トン以上を生産し、世界のキャベツ生産量の半分以上を占めている（ロシアも含めたヨーロッパのキャベツ生産量は合計で1200万トン強にすぎない）。

●キャベツの長距離輸送

収穫後のキャベツは、地下倉庫のようなところならば4か月間は保存可能だ。氷温をわずかに超える1～2℃にして高い湿度を保てば、極端に冬が長くなければ春まで新鮮さを維持する。ザウアークラウトにすれば何年も保存できる。ただしこの「奇跡の野菜《ヴンダーゲミューゼ》」は、同じく万能だが口当たりのよいジャガイモほど、食べる者に優しくはない。胃が疲れているときに生で食べれば膨満するし、舌の敏感な多くの者は苦味を感じる。また注意を怠って火をとおしすぎれば特有のにおいを放つ。

創意工夫に富むわたしたちの祖先は、この野菜の保存に手がかからないところを気に入り、荒々しい欠点を和らげる方法を工夫して食べやすくした。加熱して塩をくわえ、醱酵させてキャベツを手なずける方法を習得し、それまでより少ない労力で栄養豊かな野菜を食べられるようになった。

時間に余裕が生じたぶん、祖先たちはコムギやコメなどの細やかな注意を要する作物の世話に時間を振り分けられるようになった。こうした作物はキャベツより糖類の含有量が多く、醱酵させればアルコールにもなった（キャベツからアルコールを作ろうとした者はほとんどいないが、ドイツの食後酒イエーガーマイスターの主成分がキャベツ・ジュースだという噂は絶えない）。

キャベツが不快感の原因となる要素は3つに分類される。苦味、腹部膨満感、特有のにおいである。こうした困った特徴の原因となっているのは、キャベツにもともと含まれている化学物質の組み合わせだが、キャベツはこのような化学物質によって、ケムシやゾウムシ、ミシュランの星を獲得したレストランの顧客に食べ尽くされるのを防いでもいるのだ。

◉特有のにおい

火をとおしたキャベツの独特のにおいは、もはや伝説になっている。インターネットで少し検索しただけで、下水や尿、汗ばんだ足、女性性器にたとえる表現が出てくる。代謝異常の高メチオニン血症の診断では、尿の「キャベツ」臭がひとつの判断基準になる。こうした特有のにおいにすべて共通しているのは、硫黄《いおう》を含む化合物だ。キャベツの場合、悪さをしている化学物質は複数ある。主犯格と目される硫化《りゅうか》ジメチルという化学物質は、キャベツやブロッコリー、カリフラワー、そしてオクラ（！）を加熱したときの風味となっている。

硫化ジメチルは、食物に含まれる濃度によってまったく違う効果を生みだす。少量なら必ずしもキャベツのような味にはならない。濃度が0・03ppmまでなら、ゆでたトウモロコシも缶詰のスイートコーンと同じ味がして、赤ワインに「複雑」な風味がくわわる。濃度が0・05ppmを超えると、まるでシンデレラの魔法が解けたかのように、赤ワインの「複雑」さが「キャベツ臭」に退化する。もうひとつの硫黄化合物のチオ酪酸《らくさん》メチルは、高濃度の単体のにおいの分析では「チーズやニンニク、キャベツ」のにおいとまで表現されるが、イチゴの香りの基本成分にもなっている。

なんと0・045ppm以上の硫化ジメチルがスープ鍋から漂ってくると、「不快度が高い『加熱した野菜』もしくは『キャベツに似た』強いにおいが感じられる」。食品科学技術の研究者ロバート・J・マクゴリンは、ある研究で食品に含まれる揮発《きはつ》性硫黄化合物を観察している。それによるとキャベツを煮て10分後に発生する硫化ジメチルの量は中程度だが、1時間半後には「過多」になる。それとは対照的に、カラシの風味がするイソチオシアン酸アリルは、20分後に最大量が発生する。こうした化合物の含有量は結球内でもバラつきがある。外葉は内側のけがれを知らない若い葉とくらべると、4倍の硫化ジメチルと5倍のイソチオシアン酸アリルを作っているのだ。

科学者はキャベツの加熱時の臭気の成分を調べてはいるものの、それを消散させる方法にはさほど興味を示していない。食品科学者は家庭でキャベツをあまり料理しないのかもしれない。また大規模なシチュー製造工場では労働組合が弱すぎるので、労働者はにおいを我慢しているだけだとみえる。

ヨーロッパと北米には次のような伝統的な解消法がある。

キャラウエー、ベイリーフ、殻をむかないクルミ丸ごと、セロリ、酢、レモン汁、パン一片、ビスケットのいずれかとともにキャベツを煮る。

大量の湯をぐらぐら沸かして、においを薄める。

こんろの横にホワイトヴィネガーを入れたボウルを置く。

こうした解消法で、なんらかの効果が科学的に立証されている例はひとつもない。20分以上キャベツを煮ないか、まったく火をとおさないかしかない。もうひとつ、キャベツのにおいを抑えるのに確実に効果のあるのは、千切りにして油で炒める方法だ。表面が油で覆われて硫黄化合物が空気中に放出されにくくなる。その後人の胃袋という無酸素の大釜に入る頃には、化合物は変性して無臭になっているだろう。

●苦味

生のキャベツのカラシのような刺激的な味は、グルコシノレートという有機化合物から生じている。キャベツと近縁のアブラナ科アブラナ属がこうした舌をひりひりさせる化合物を作るのは、害虫や病害をよせつけないのに役立つためだろう。グルコシノレートは、哺乳類や鳥類、昆虫、細菌、カビ、線虫、一部の人間による害を減少させる。ただしすべての人間を撃退できるわけではない。

人によってはキャベツの苦味を敏感に感じるが、逆に感じない人もいる。感じないのは、貧しい食生活を送ってきたからでも、喫煙で舌の味覚器官の味蕾《みらい》が麻痺しているせいでもない。最近の遺伝子の研究では、苦味を感じるか感じないかはある特定の遺伝子（ＴＡＳ２Ｒ38遺伝子）と深い関係があり、生まれつき苦味を感じる能力がほとんどない人が一定の割合でいることが明らかにされている［人種によって差はあるが、ごく大まかには25パーセント］。彼らはまさに苦味を感じない遺伝子を持っているかもしれないのだ。

一方、苦味を極度に敏感に感じる、いわゆる「スーパーテイスター」も一定の割合で存在する［やはり大まかには25パーセント］。スーパーテイスターは、「常人には感じられない苦み」から「途方もない苦み」まで、広範囲でグルコシノレートを知覚してしまう。「この世でこれほど甘いものはない」という顔でキャベツに無頓着にかぶりつく、苦味を感じる能力をほとんど持たないタイプとは対極に位置する人々である。

ただし、味に関する遺伝子はひとつだけではない。ＴＡＳ２Ｒ38遺伝子が拾えなかった不快感を他の遺伝子が代わりに感知しようとして活性化することはあるようだ。とはいえ、それでもスーパーテイスターほどの感受性はない。なお、スーパーテイスターの5パーセントほどはさらにまれなタイプに属し、実験ではフェニルチオカルバミド（ＰＴＣ）という苦味物質を１ミリモル／リットルという超低濃度でも感知できる。

世界的にも美食家の約50パーセントがスーパーテイスターであり、一生涯苦味を感じすぎる運命にあるが、中央アメリカの先住民のあいだではスーパーテイスターの割合は１００パーセントにまで上昇する。一方北欧のある地域では、およそ3分の2の住民が苦味に鈍感なタイプに属する。

つまり、全員を喜ばせるのは無理だということだ。どのような地域であっても一定数の住民は、キャベツと同類の植物は吐き気をもよおす「雑草」であり、馬としみったれた古代ギリシアの哲人にのみにふさわしいと断じるだろうし、他の住民は、鼻もちならない隣人はなぜ愚かにも安価でうまいものを拒むのだろうと、声を出してあきれるだろう。ディオゲネスがキャベツを好んだのはとても安かったからだろうか？　それともその強烈な苦味がわからなかったからだろうか？

キャベツはまた、繊細な舌をひりひりさせること以外にも、グルコシノレートの利用価値を見出しているようだ。たとえばカットされてグルコシノレート化合物が空気に触れると、この化合物が分解して他の化学物質を生成する。そしてそのひとつのイソチオシアン酸アリルが、生のキャベツに辛くてえぐみのある苦味とホースラディッシュのような臭気を生じさせるのだ。

またキャベツはもともと、一定量のイソチオシアン酸アリルを作っている。この物質は刺激性が強く炎症を起こす。人間は大気中のイソチオシアン酸アリルの濃度が10ｐｐｍを超えると耐えられない。そのため２０１１年には研究者が、目や耳が不自由な人のための火災報知器に、その臭気を利用する特許を申請しているほどである。

　イソチオシアン酸アリルは、多感作用化合物とも呼ばれてもいる。周囲の土壌を変えて他の植物の生育を妨げるのである。中程度の濃度（420ppm）のこの化合物を有するニンニクマスタード（学名 *Alliaria petiolata*）は、ユーラシア大陸ではもっぱら菜園で栽培されるハーブだが、北米では野生化しており、在来種を脅かす――たとえば、他の植物を枯らしてしまう――植物であると考えられている。カラシナとホースラディッシュは同じアブラナ科の近縁種だが、それぞれ約1万2000ppm、2600ppmという超高濃度のイソチオシアン酸アリルを含んでいる。

　これに対して通常のキャベツの葉の含有量はわずか20ppmだが、この程度の濃度でもイソチオシアン酸アリルは、真菌類やカビの成長を抑制し、野生のキャベツをある種のうどん粉病から守っている。

　この手の化学兵器戦争は頑健な若手に任せるのが一番だ。新しく成長した芯の部分であればあるほど、古くてしおれた葉よりはるかに高い比率のイソチオシアン酸アリルを含んでいる。濃度は芯の中心部分でおおよそ14～42ppm／kg、それに対して葉は2～8ppm／kgにとどまっている。キャベツを収穫して醗酵させてみよう。ザウアークラウトを作っても、キムチ、クルティドを作ってもよい。キャベツは柔和になり、少なくとも苦味の化合物は発散してなくなる。一般的に、キャベツを19℃で醱酵させると、やっかいなイソチオシアン酸アリルも3日で糖分解され、影も形もなくなってしまう。

キャベツと近縁のアブラナ属はまた、さまざまなストレスに反応してグルコシノレートの濃度を上げたりもする。この場合の「ストレス」とは、旱魃《かんばつ》、高温、土壌の塩害、中波長《ちゅうはちょう》紫外線、土壌の栄養不足などである。早い話が、育てているキャベツが不快なら、食べる人間も不快になるということだ。

人のアブラナ属の捕食が最近増えているのは、グルコシノレートががんのリスクを低減させるという報告のためでもある。だが食べすぎるのはよくない。キャベツのグルコシノレートはヨウ素の体内摂取を妨げるので、人間やヒツジ、ヤギの甲状腺肥大（甲状腺腫）の原因になったりするのだ。

●腹部の張り

腹部の張りの原因になるのは、キャベツだけではない。乾燥豆やレンズマメ、アスパラガス、ブロッコリー、メキャベツも、キャベツと同様にラフィノースという糖分子の一種（正確には三糖類）を大量に含んでいる。この気難しい物質は胃と小腸に迫られても頑としてはねつけ、ようやく運命の大腸に出会って消化される。大腸でラフィノースは貪欲な細菌によって分子の小さな糖類に分解されて、メタンガスを発生させる。つまり副産物として腸内ガスを生じるのだ。

ただし、キャベツを食べれば四六時中、腸内ガスのクサさをとがめられるわけではない。ラフィノースはキャベツにつねに存在するのではないのだ。気候が寒冷になりキャベツの葉が硬くなるにつれて、ラフィノースも二糖類のショ糖も濃度が上がり、キャベツを霜から防ぐ役割をする。気温が上がってキャベツがやわらかくなり、そのやわらかい細胞が成長の準備をしはじめると、葉に含まれるラフィノースとショ糖の量は激減する。ラフィノースの場合はゼロにまで下がるだろう。

またそれゆえにジレンマも生じる。冬キャベツは春に出たてのキャベツよりはるかに甘味に勝るが、同時に一年のうちでも人が閉鎖された環境で過ごしがちな時期に、おならが増えるというクサい復讐を果たすのだ。まったく、キャベツの奴め！

◉色

赤キャベツは、酸塩基指示薬になることがよく知られている。小学校の理科の実験ではお馴染みの材料であり、子供が口に入れてもたいてい心配はいらない。重曹のような塩基性の物質を入れると、赤キャベツ溶液は青くなる。料理人が午後の退屈しのぎに、赤キャベツの鍋に酢を入れたり重曹を入れたりすれば、キャベツの色は赤から青に変わる。どちらの色にしても、その結果料理はとても食欲をそそるものにはならないだろう。

●キャベツと健康

キャベツには多様な治療効果があると考えられてきたが、実際に効き目があるのは少数にとどまる。だが古代ギリシアの思想家の大半は、そうは考えなかった。植物学の祖テオフラストスは、紀元前300年頃の著書「テオフラストス植物誌」〔大槻真一郎・月川和雄訳／八坂書房／1988年〕のなかで、キャベツ（ラパノス）を3種類に分けている。葉が縮れたものとなめらかなもの、そして「野生型」で枝や葉がたくさんあり、小さく丸みのある葉をつける種類だ。この野生型を「液汁は苦くて薬効があり、そのため、医者は胃薬として用いる」〔大槻・月川訳〕としている。またブドウのつるはキャベツの魅力をあまり評価しておらず、いやなにおいがするありふれた野菜だとあざ笑っていたと述べている。

ラパノス〔キャベツのこと〕〔とグッケイジュ〕の近くにブドウの芽が生じた場合、これらの匂いがブドウに敵対しているかのように、ブドウの芽は生長をやめて、後退するといわれる。アンドロキュデスは、このことをラパノスから生ずる薬効の例証とした。その薬効とは、ブドウ酒による酔いを払うというものである。実際ブドウは生きているときでも、ラパノスの匂いを避けるといっていた。［大槻・月川訳］

ここで伝えられている植物の植物への侮蔑は、ブドウ酒と狂気のギリシア神、ディオニュソスの極悪非道な行動に端を発している。トラキア王のリュクルゴスはディオニュソスへの信仰を、トラキアの社会にとっては少しばかり常軌を逸しているという理由で禁じた。するとディオニュソスはリュクルゴスの気を触れさせたので、リュクルゴスは自分の息子をブドウのつただと思いこんで、体の一部を切り落とし亡き者にしてしまった。その後トラキアの土地は不毛になり、リュクルゴスを殺害しないかぎり二度と収穫できないとの神託が下った。刑場に向かう王が悲しみのあまり涙を流すと、その涙がキャベツになったというのである。

キャベツとブドウは一緒に栽培してはならないという考え方は、今日でもまだ死に絶えてはいない（互いになんらかの影響をおよぼすという根拠は皆無なのだが）。サンフランシスコ・クロニクル紙のウェブサイト「サンフランシスコ・ゲート」は、2012年の記事でこの説を支持している。だが説得力はなかった。「ブドウの隣に……レタス（学名 *Lactuca sativa*）やキャベツ（*Brassica oleracea var. capitata*）、ニンニク（*Allium sativum*）などの野菜を植えてはならない。こうした野菜がブドウのつるの近くにあると、多くの場合大量の水を必要とするので、野菜の成長が妨げられることになる」

この野菜戦争のおかげで、古代ギリシア人はキャベツがブドウの恐ろしい力、すなわち二日酔いを無害化できるのではないかと考えた。3世紀の哲人アテナイオスが著書「食卓の賢人たち」〔柳沼重剛訳／京都大学学術出版会／1998年〕のなかで賢人の言葉として述べているのは、エジプト人が宴席で最初にキャベツを出すのは深酔いの予防策だということと、多くの人々が二日酔い用の薬にキャベツの種子をくわえているということである。ただしアテナイオスはこのような真面目な情報のあとに、何を思ったのか、ギリシア喜劇の「女よ、わたしをキャベツだと勘違いしているな。どうも二日酔いの頭痛をそっくりわたしに移そうとしているふしがある」などといった、キャベツに関連する言葉を立て続けに引用している。

アテナイオスの食卓の賢人が、キャベツの神通力を本気で信じていたかはわからない。著者はまたこの本の後半で、喜劇の情熱的な登場人物のあいだで、キャベツがおおむね「おやまあ」、つまりビックリマーク（！）のように使われていることを指摘している。アテナイオスはエピカルモスの「陸と海」、エウポリスの「バプタイ」からの「だから助けておくれキャベツ！」のような引用でページを埋めている。実際、エジプト人は宴席でキャベツを供するという着想をギリシア人から得ていたのだろう。というのも、ギリシア人がエジプトにキャベツをもたらしたという確かな証拠があるからだ。

ヨハン・ゲオルク・サイツ作「野菜とウサギの静物画 *Gemüsestilleben mit Häschen*」（1870年／油彩、板）。右下にキャベツの栽培変種のコールラビがある。

ギリシアの医師ディオスコリデスとローマの政治家カトーは、キャベツで人間の病気をほぼすべて治癒できると考えていた。ギリシア人でローマ軍に軍医として仕えたディオスコリデスは、クランビ・エメロス（κράμβηἥμερος）、つまり野生のキャベツはとくに、へビの噛み傷、壊疽《えそ》、ソバカスに薬効があるとしている。大カトーは紀元前160年頃の著書「農業論」で、キャベツで治せる症状を際限なく並べている。外傷、疝痛《せんつう》、消化管と泌尿器の疾患、潰瘍、関節炎、不眠症、脾臓肥大……。

10世紀になるとローマの驚異は

色あせていったが、キャベツの栄光は「ゲオーポニカ *Geoponika*」のなかで輝きを放っていた。この農業書はコンスタンティノープルで、ビザンチン皇帝のコンスタンティノス7世ポルフュロゲネトスのために、大量の古典文献を編纂して作られている。丸々1章が「キャベツとその薬効力」に捧げられており、効き目があるものとして結核、黄疸《おうだん》、ジステンパー、らい、疥癬《かいせん》、痛風、扁桃腺の腫れ、イヌの噛み傷、不眠症、視力の低下、子供の「成長促進」、毒キノコの解毒などがあげられている。

興味深いことに、「ゲオーポニカ」の編者も「古いキャベツからはラファヌスができる」と述べている。ラファヌスとは、カブ、あるいは少なくともキャベツより小さく味が劣る葉野菜だろう。アテナイオスも、アレクサンドリアでキャベツを栽培すると、一年目は美味だが翌年には苦くなる、それは「刺激性のある土壌の影響」だと記述している。そのためアレクサンドリア人は種子を必ずロードスから輸入していた。

このような説明はロードスの種子商人の受け売りかもしれないが、変異はおそらく、もともと雑種だったロードスのキャベツと地元の野生のアブラナ科アブラナ属とのあいだで受粉があったために起きたと思われる。そのためにへそ曲がりの子孫ができたのだ。キャベツは北アフリカが原産で、アレクサンドリアには野生のアブラナ属がゴマンとあり、若くて無垢なキャベツに悪い影響を与えて道を誤らせたのだ。

「ゲオーポニカ」はまた、キャベツは飲みすぎによく効くという昔の流説を繰り返している。ところがその次の文で編者は、「ユピテル（ゼウス）はイダ山の頂上から雷を三度落とした」と唱えると酩酊しないとも伝えている。キャベツを生で食べるのは、民間療法というより呪文の類いなのだ。「ゲオーポニカ」の大半の読者にとってこれは、キャベツの種を2月にまくべしという、やはりこの本に出てくるアドバイスと同じくらい役に立たない。2月というと、スウェーデンではもし雪の下に苗床を見つけたとしても、栽培は苦労するだろう。

12世紀のムーア系スペイン人の医師、アブー・マルワーン・アブド・アルマリク・イブン・ズフルは、ヨーロッパではアベンゾアルの名で知られていた。この人物は著書「治療と食餌の書 *Kitāb Agdiya wal-'adwiya*」のなかで、キャベツを懐疑的に見ている。

人はキャベツがたとえすべての野菜のなかで最悪であっても、キャベツを食べ、口をきわめて褒めたたえる。最悪というのは、黒胆汁《こくたんじゅう》や不安定な心理状態、らい、ぞっとするような疥癬、てんかんの原因になるからである。わたしが知るなかでこれほどひどい野菜はない。例外はそれと大差ないナスだ。ナスは温かく乾いており、ひとつを除いて長所は認められない。その長所とは生でも火をとおしても、食せば喉の不調を驚くほど治してくれることだ。

12世紀のヒスパニック風アラブ料理について書かれた「料理の書 *Kitāb al-Ṭabīḫ*」では、キャラウエーとキャベツを組み合わせている。「そうすると味がよくなり風味がくわわって、野菜のガスを放出するからだ」。「野菜のガス」がキャベツを加熱したときのにおいなのか、食べたあとのおならなのかは判別がつかない。

こうした考えは時代を経ても、多少の変化をくわえながらそっくりそのまま受け継がれた。14世紀にイタリアで書かれた「セルッティ家の四季 *Il Libro di casa Cerruti*」には、弱った視力を回復するためにはゆでたキャベツの汁をハチミツと混ぜて点眼するとよいとの記述がある。16世紀のフランス人医師もキャベツの薬効は広範な症状におよぶとみていた。そのひとり、アントワン・ミゾーは1570年代の著書「多様な効能と秘密が豊富な薬草の園 *The Medicinal Garden Enriched with Many Diverse Remedies and Secrets*（英訳）」で、「生のキャベツの搾り汁をワインと合わせてすすると、ヘビの噛み傷に治療効果があり、（ハーブの）フェヌグリークの粉と混ぜて膏薬《こうやく》にすると、痛風などの関節の疾患に抜群の効果を発揮する」と書いている。

ロバート・バートンは、著書「憂鬱の解剖 *Anatomy of Melancholy*」（1621年）で、キャベツについて矛盾した説明をしている。「食べられる薬用植物のなかでも、わたしはヒョウタンやキュウリ、アブラナ科アブラナ属の植物、メロンの有効性を否定する。とくにキャベツはよくない。口にすると苦しい夢を見たり脳まで黒いもやが立ちのぼったりする……魂がひどく重苦しくなるのだ」。ところがその後バートンは、黒胆汁（憂鬱の原因だとされていた謎の体液）を除去するもののリストに「さっと煮たキャベツ」をくわえているのだ。ひょっとするとバートンは、アブラナ属作物を噛むたびに苦味を感じるスーパーテイスターだったのかもしれない。

カール・ハートマン作「秋の太陽 *Autumn Sun*」（1903年／油彩、キャンバス）

◉キャベツは黒胆汁の素

17世紀のイギリスの著作者のなかにも、キャベツの魔力を疑問視する者はいた。ジョン・エヴリンはサラダについての著書「酢漬け *Acetaria*」（1699年）で、次のように書いている（ただし、明らかにアテナイオスの「だから助けておくれキャベツ！」を少しまともに受け取りすぎている）。

アブラナ科アブラナ属のキャベツはいくつかの仲間の品種とともに、ローマの将軍ポンペイウスお気に入りの食材であり、大カトー、ピタゴラス、ギリシアの医師クリュシッポスにも（唯一の万能薬として）絶賛されている。しかしながらその他の一般的な医者からは、手頃だが下品な黒胆汁の素とみなされてそれほど賞賛されていない……そのためわたしは古代人がキャベツに尊敬をいだき、神格化して「ペル・ブラッシカム」（「キャベツにかけて」）などと誓う記述に違和感を覚えるのだ。

19世紀のアメリカ人はキャベツをうさん臭く思っていた——実のところそのほかの野菜すべてもだが。20世紀に科学者がビタミンを発見するまで、料理書の著者と家政学者は、通じをよくする以外に野菜に意味を見出していなかった。そのためキャベツと仲間の野菜は、「食べられはするが有害で無用のもの」とされていた。エリザ・レスリーによる1851年刊の料理書では、キャベツを食べるには2時間は煮るようにと勧めている。これだけ煮こめばグルコシノレートのにおいが拡散して、カーテンにしみつくのは確実なのだが。

1910年のミセス・E・E・ケロッグ編「台所の科学 *Science in the Kitchen*」では、若いキャベツなら1時間、古いキャベツなら3時間は煮るようアドバイスしている。長老派教会牧師のシルヴェスター・グレアムが心身の病気や犯罪等の予防のために極端な菜食主義を唱えたときも、古い考えの人間が反発して、牧師の信奉者は「飢餓状態になりながら長寿を、ふすまとキャベツのようなものでモラル改革」を達成しようとしていると非難した。

キャベツでモラル改革が成し遂げられる保証はないかもしれないが、水溶性・不溶性繊維のほかに、カルシウム、カリウム、葉酸《ようさん》、カロチノイド、ルテイン、ビタミンCを豊富に含んでいるのはまちがいない。キャベツの治療効果が実証されている数少ない疾患のひとつ、壊血病《かいけつびょう》は生命の危険をともなうビタミンC欠乏症だ。長期の遠洋航海で船乗りが何か月も生の野菜または果物を食べずにいるとふりかかってくる一般的な災難である。

探検家でイギリス海軍大佐のジェームズ・クックは、1768～1780年の長期航海で、恐ろしい水夫殺し症候群である壊血病を防ぐために、ザウアークラウト（あるいはクックの日誌にあるように「サワー・クラウト」）を導入した。

実のところクックはザウアークラウトが壊血病を予防する理由を知らなかったので、航海中の乗組員に麦汁、「携帯スープ」（保存可能なように肉を煮詰めたスープの素）、酢、カラシ、ロブ（オレンジとレモンの果汁を煮詰めて濃縮したもの）を与えることによってこの病気を撃退しようともしていた。さらに生の葉菜や果物、とてつもない量のタマネギも積みこんだ。

だが１７６８年にクックが調達を命じたザウアークラウトは、「乗船する70人に12か月間、週にひとり当たり２ポンド（約９００グラム）を割りあてられる量」にはじゅうぶん足りていた。これだけあれば、乗組員ひとりにビタミンＣとして働くスコルビン酸を１５０ミリグラム供給できる。しかもクックは乗組員に必ず食べさせると決意していた。

船乗りはそんな滋養のあるキャベツに最初は抵抗したのだが、それもクックがものすごい量のザウアークラウトを将校たちの食卓に積みあげるまでだった。クックは彼らに訓戒した。

なんでもいい、部下にふつうの態度で与えてみろ……こんなものを最初に作ったのは誰だ、とブツブツ文句を言われるだけだ。ところが上官が価値を認めているのを知ったとたん、それは世界一すばらしいものに変わるのだ。

クックはニュージーランドでキャベツの種子を植えてもいる。また戻ってくるときに、育っていることを期待してのことだ。

キャベツの葉はまた、傷にあてがう湿布として古代から使われてきた。最初はおそらく単に葉の大きさと形が好都合だったからだろう。イギリスとアイルランドでは、キャベツの葉でリューマチ（コーンウォール）、潰瘍（アイルランド）、頭痛（エセックス）、根太《ねぶと》「もも・尻などの脂肪の多い部分に多くできる腫れもの」と膿瘍《のうよう》（シュロップシャー、チェシャー、イーストアングリア）、湿疹（スコットランド）の患部を覆う。

肖像画家のメアリー・ライド・ヒックス・ウィリアムズは南北戦争後のノースカロライナ州でアフリカ系アメリカ人を描いており、1900年頃にも「頭痛対策」として頭にアブラナ属の葉を巻きつけている黒人女性の姿をキャンバスにとどめている。

キャベツをはじめとするアブラナ属は、カルシウムやミネラルなどの摂取源として驚くほど優れている。その多くが牛乳やサケの骨にも含まれている栄養素だ。他の緑色野菜とは違い、アクの少ないアブラナ科作物はシュウ酸とフィチン酸を多く含まない。これらの化学物質はカルシウムと結合してその吸収を妨げる。ホウレンソウから吸収できるカルシウムはたったの5パーセントだが、ブロッコリーの場合は61パーセントというとてつもない吸収率になる。牛乳などの乳製品は30パーセントなので、その2倍にあたる。250ミリリットルの標準的な牛乳にはカルシウムが276ミリグラム含まれており、そのうち吸収可能なのは82ミリグラムだ。ところが同量の生のキャベツにもカルシウムは33ミリグラム含まれており、20ミリ近くが吸収される。とはいえ、多くの西洋人にとって生のキャベツは食べにくいため、カルシウム源としてのキャベツはあまり活用されていない。

20世紀末にはキャベツなどのアブラナ属のがん予防効果の研究が一大ブームになった。結論は、「なんとも言いがたい」というところだ。キャベツを人より多く食べる人は、ナス属、マメ科、ネギ属など、他の種類の野菜も多く食べる傾向がある。そのため、キャベツ単独でのがん予防効果を見極めにくい。胃がんと肺がんなどのがんをキャベツが予防できるかどうかは、個人の遺伝子構造とグルコシノレートを迅速に排出する能力に左右されるようだ。また人によってはアブラナ属の野菜を大量に食べたために腫瘍が大きくなったというエビデンスもある。早い話が、気が進まなければ健康を保つためにブロッコリーを食べる必要はない、ということだ。

キャベツと性的能力には興味深い関連がある。大昔から葉と種子は避妊薬あるいは堕胎薬として使われてきた。ディオスコリデスなど古代ギリシア・ローマ時代の著述家は、キャベツの葉と花は経口避妊薬になると書いている。また、キャベツは不妊症の原因になるというローマの大プリニウスの主張も繰り返している。980年頃に生まれたアラブ人医師、イブン・スィーナー（アヴィセンナ）はキャベツの葉と種子を座薬に混ぜることや、繊維でできたペッサリーのように避妊具として使う方法を勧めていた。

だがキャベツは長いあいだ女性の味方でもあった。今日のアメリカやヨーロッパやインドでは、授乳中の母親はブラジャーにキャベツの葉を入れるよう勧められる。胸の張りの痛みを和らげるためだが、医学的にはキャベツの葉には冷たいジェルパック以上の効果はないことがわかっている。

ルネサンス期のヨーロッパでは、キャベツは催淫剤《さいいんざい》のようにも見られていた。腸に生じさせる「ガス」で、生殖器を含めて体のあらゆる先端部分を膨張または拡張できると考えられたのだ。マメや一部の根菜もその仲間だった。キャベツを食べた人が、それほどまでおならをしながら、どうやって相手のロマンティックな気分を盛りあげられたかは謎である。欧米で何世紀ものあいだ、親が真に受けやすい子供に「お前はキャベツから生まれたのだよ」と言いつづけてきたのは、キャベツが性的興奮を促すという俗説のせいかもしれない。

●夢のなかのキャベツ

想像の世界のキャベツは、つねに巨大な姿で立ちはだかる存在である。とくにウォーキングステッキ・ケールとも呼ばれるジャージー・キャベツは、太い茎を最長で3メートルま

ジャージー・キャベツ、別名「ウォーキングステッキ・ケール」。

で成長させる。そのようすから想像を膨らませて、「ジャックと豆の木」（というよりはむしろ「ジャックとケールの茎」）の話はできたのかもしれない。

またどうしたわけか、キャベツは祝日の奇習の中心的存在でもある。

19世紀のスコットランドでは、ハロウィーンの日に飲み騒ぐ者たちは「リーキー・メア（reekie mehr）」を燃やした。キャベツやケールの茎を切り取って中をくり抜き、その穴にわらを詰めて松明を作って、隣家の鍵穴にその煙を吹きこむのだ。キャベツはまたハロウィーンの占いの道具にもなった。ロバート・バーンズは「ハロウィーン」（1785年）と題した詩の脚注で、スコットランドの祝祭の風習について説明している。

ハロウィーンの儀式はまず「茎」、つまり植

1912年、エリザベス・クラップサドル作の古風なハロウィーン・カード。キャベツとスコットランドのタータンチェックでスコットランドのハロウィーン占いの風習を表現しているのだろう。

物のケールをめいめいが引き抜くことから始まる。若い男女は目隠しをされて畑に連れていかれ、最初に出会ったケールを引き抜かなくてはならない。大きいか小さいか。まっすぐか曲がっているか。この重要な植物の大きさと形だけが超自然的な力を表していて、未来の伴侶を預言する。

うら若き女性が巨大なウォーキングステッキ・ケールをつかんだらどうなるかと思うと、ぞっとする。

ハロウィーンのキャベツ占いの伝統は、1835年の北アイルランドにもあったと伝えられており、どこかの時

ドイツ、ゾンスベックの白キャベツ

点で海を越えて両アメリカ大陸に渡っている。ニューイングランドとニュージャージーの一部の地域では、ハロウィーンの前夜は今でも「キャベツ・ナイト」と呼ばれているし、いたずら者にとってこのアブラナ科植物は重要なものだった。1930年代にマサチューセッツ州フレーミングハムで行なわれたキャベツ・ナイトについて取り上げたある文章で、書き手はこの夜の名称がスコットランドの占いの風習から発していると述べている。

キャベツが占いの役目を果たしたとなれば、あとはドアに投げつけて脱兎のごとく逃げだすのみ。かくしてハロウィーンの悪ふざけの長い伝統は始まった。フレーミングハムのティーンエイジャーは占いなんかはすっ飛ばしてキャベツ投げ一辺倒。よりどりみどりのいたずらのレパートリーにつけくわえたのだった。

カナダのノヴァスコシア州ハリファックスと、ニューイングランドの一部の沿岸地域では、ハロウィーンの前夜は「キャベツ・スタンプ・ナイト」（キャベツの幹の夜）と呼ばれている。悪さをする者がはた迷惑にもキャベツの幹で隣家のドアを叩くからだ。

19世紀の民間伝承をまとめた本には、発祥はあいまいながらも興味深い風習が記録されている。そのひとつが、フランスのフィニステアにあった習わしだ。聖ステパノの祝日である12月26日にキャベツを抜くとひんしゅくを買ったのは、聖ステパノがキャベツ畑で石をぶつけられて亡くなったからだった。ドイツ北東部のハーフェル地方の伝承を再現したものもある。これはラプンツェルの話に出てくる「マシェ（ラプンツェルの別名）盗み」を改作している。

クリスマス・イブにひとりの農夫がどうしてもキャベツを食べたくなった。だが自分の家にはなかったので隣の畑に忍びこんでいくつか切り取った。カゴが一杯になったちょうどそのとき、まだ幼いイエスが白馬で通りかかってこう言った。「聖夜に盗みを働いたのだから、汝を今すぐキャベツのカゴとともに月に座らせよう」

盗人はあれよあれよという間に空に浮かびあがって、月の中の人となった。

一部のアフリカ系アメリカ人のスピリチュアリスト教会は、キャベツを魔法の道具のように使っている。1950年代のテネシー州ナッシュヴィルではウィルマ・ステュアート主教が「キャベツ・デモンストレーション」を主催し、会衆のためにキャベツを祝福することが恒例になっていた。信徒は毎年11月24日にキャベツをもって集まり、祝福してもらうのだ。遠方の信徒などはキャベツを教会まで郵送することもできた。このキャベツは信徒に返却される。信徒は3日後の日没前にキャベツを食べながら、新車やお金が手に入りますように、恋愛がうまくいきますように、と願い事をするのである。

アメリカ南部では、元日にキャベツかコラード、ケールを食べるとその年の金運がよくなると考えられている。またペンシルヴェニア・ダッチ［17世紀から18世紀にかけてドイツ語圏からアメリカ合衆国に移住した人々の子孫］は、新年の幸運を願ってザウアークラウトを食べる。

◉象徴としてのキャベツ

さらに、キャベツは古《いにしえ》のそれより昔も天上界と結びつけられていた。1185年にフランス、アルザスのヘーエンブルク修道院で作成された写本、「悦楽の園 *Hortus deliciarum*」に描かれた系図では、宙に浮いた2枚のキャベツの葉のあいだからキリストが誕生している。このような構図になったのは、おそらく言葉遊びからだろう。ヘブライ語で「キャベツ」は「クルヴ」で、ヘブライ語の「ケルビム」(天使)と同一の語だ。現代のアシュケナージ(中部・東部ヨーロッパ)系ユダヤ人が、シムハット・トーラ(律法の感謝祭)にロールキャベツを食べる理由もそんなところにもある。この祝日は、一年をかけてユダヤ教徒が旧約聖書の最初の5書を読んできた最後の日であり、礼拝の新年が始まる日でもある。「出エジプト記」によると、十戒をきざんだ石板は「契約の箱」に収められており、その箱の蓋の上にはふたつのクルヴ(キャベツ?)の飾りがあしらわれていたとされる。

それにくらべると月並みだが、仮庵《かりいお》の祭り[出エジプトで荒野暮らしをしていたことを記念する]の前週を、ヘブライ語の祈りではコル・メバッセ(「先触れ」の意)と呼んでいる。それがドイツ語とイディッシュ語を話す者には、コール・ミット・ヴァサー(Kohl mit Wasser)、つまり水をくわえたキャベツに似て聞こえるのだ(キャベツは肉だねを巻く前にゆでる必要

宙に浮いた2枚のキャベツの葉のあいだからキリストが誕生している。1185年にアルザスのヘーエンブルク修道院で作成された写本「悦楽の園」より。

がある。そうしないと巻けない)。同じような理由でキャベツのスープを飲むユダヤ人コミュニティもある。ロールキャベツ自体を横に並べた形は、旧約聖書の巻物に見たてられている。

キャベツはまた死と戦争の前兆でもある。ノースカロライナ州の民話は、キャベツの種子が一年目にできると、家族の誰かが死ぬと断言している。中世のウェールズの医師マッドヴァイは、「死にたければ8月にキャベツを食せよ」と書き残した。ギリシアには「2度出されたキャベツを食べると死ぬ」ということわざがあるが、その通りの警告ではなく残りものを出すなという意味だろう。1688年にはニューイングランドの清教徒のコットン・マザー牧師が、細身の長剣レピアーと海賊の厚い反身の短剣カトラス、こん棒に「まさしくそっくり」に枝をのばしたキャベツと遭遇し、これをアメリカ先住民との戦いが差し迫っている兆しとして解釈した。近代のキャベツからほんのわずかでもカトラスに似た形のものができるとは想像しにくいが、マザーは聖職者であって植物学者ではなかった。

19世紀になると、文化的な意味でキャベツは日の当たるところに居場所を見出した。ルイス・キャロルの筆名で知られているチャールズ・ドジソンは、1871年の著書『鏡の国のアリス』[矢川澄子訳/新潮社/1994年]のなかの幻覚を見るような詩「セイウチと大工」の1行にキャベツを登場させている。この詩を唱えているのは双子のソックリダムとソックリディーだ。しゃべるセイウチと大工が、立って歩ける純真な若い牡蠣《かき》を海岸を歩くよう

ルイス・キャロル著「鏡の国のアリス」（1871年）に収録されている「セイウチと大工」の詩の挿絵。作者はジョン・テニエル。

そそのかして食べてしまう、というひどい話だ。詩の途中で、セイウチは岩に腰をおろしてこんなことを言いはじめる。

「さて汐時《しおどき》だ」とセイウチくん
「よもやま話といこうかね
くつに封蝋《ふうろう》　ふね　キャベツ
なんなら王様のことだって――
海が煮えたつそのわけや
ブタにつばさのあるやなしや」「矢川澄子訳」

キャロルが王様と平凡なキャベツを対にしたので、表題を思案する編集者は大いに助けられた。書籍、短編小説、新聞や雑誌、学術誌の記事にこぞってこの言い回しを借用したのだ。それとは対照的に、月並みでつまらない「くつに封蠟　ふね」は、同じく注目されるのを待ちながらぽつねんととり残されている。

第3章 ◉ 醱酵と保存

生のキャベツは地下の食糧庫に置けば4か月間ほどは風味を保てるが、その後は腐敗してドロドロに溶けていく。しかしそれを塩水にドボンと漬ければ永遠不滅の野菜のゾンビ、キャベツの亡者ができあがる。食品科学者は、醱酵した野菜が「微生物学的に安定」していることを発見した。ただしそれには糖分が醱酵しきって容器が密封され、漬け汁にじゅうぶん酸味が生じている、という条件がつくが。ドイツのザウアークラウト、朝鮮半島のキムチ、中国の咸菜《シエンツアイ》も、すべて醱酵した状態のキャベツの仲間だ。満場一致にならないのは、どの醱酵キャベツ類が一番かというくだらない議論くらいだ。

　キャベツの保存方法は醱酵だけではない。古代からワイン漬けや、塩で揉んで乾燥させる塩乾《えんかん》といった方法がとられてきた。乾燥による保存も試みられた（ただしそうした取り組みはよい結果を残していない)。

アメリカの南北戦争で北軍が兵士の腹を満たすために、野菜を乾燥させて巨大な板状に固めたときは、キャベツもそのなかに含まれていた。また、第二次世界大戦中に米軍は食糧貸与計画の一環としてイギリスに送るために、「1日に100トンのキャベツ」を乾燥させていた。南北戦争後と第二次世界大戦後には、米国で新たな食品が出現した。南北戦争後の缶詰製品、第二次世界大戦後のフリーズドライ・インスタント食品である。ところが民間のメーカーは、どちらの場合も乾燥キャベツをわれ先に売ろうとはしなかった。20世紀の消費者は、もしかするとメアリー・T・S・シャファーと同じ体験をしたのかもしれない。

1880年代、探検家のシャファーは長期遠征用の食料を携えてカナディアン・ロッキーに向かった。シャファーは食料の多くに不満をいだいていた。粉末状の甘味料は宣伝文句ほど甘くなかったし、粉乳と乾燥卵は牛とも鶏とも無縁の代物のように感じられた。だがとりわけぞっとしたのはキャベツだった。彼女は次のように書いている。「乾燥キャベツには気をつけたほうがよい。口の中に入れるためにはともかく新鮮な空気がないと、その独特のにおいを十分に吹き飛ばせない」

中国には、酸っぱくなった白菜《パクチヨイ》について述べた史料がすでに6世紀には存在する。朝鮮の詩人、李奎報《りけいほう》がキムチのようなものの描写をしたのは今から800年前のことだ。ただしキムチを特徴づける辛いトウガラシはコロンブス交換［新大陸発見以降の東半球と西半球の動植物、人工、病原菌、銃など、生物や物質の大規模な移動・交換］の前は登場していない。

古代ローマの文筆家は塩漬けのキャベツについて書いているが、北欧でのザウアークラウトの起源は正確なところはわからず、チンギスハーンがキャベツ漬けを馬に乗せてヨーロッパに運びこんだという、怪しげな伝説があるばかりだ。キムチが朝鮮料理にとってどれほど重要であるかは、白菜が不作だった2010年に韓国全土で「キムチ危機」が起こったことからもよくわかる。

今日ザウアークラウトが奇跡の治癒力を賞賛されているのは、葉のあいだに頑固な細菌が潜んでいるおかげだ。醱酵しているキャベツがビタミンAとビタミンCを保ちつづけるだけでなく、キャベツのビタミンB含有量を増やしているというのは本当である。ところがザウアークラウトとキムチが、つねに人に優しいとはかぎらない。ビタミンとグルコシノレートは含まれているが、日本でも韓国でも、キムチをはじめとする塩漬けの食品を頻繁に消費する人は胃がんのリスクが高いのだ。

醱酵キャベツにはチラミンが大量に含まれている場合もある。チラミンは精神疾患に処方されるモノアミン酸化酵素阻害薬を効きにくくする。またドイツ人菜食主義者の希望的観測とは裏腹に、ザウアークラウトの何百億個という乳酸菌がどんなにがんばっても、多量のビタミンB12は作れない。このビタミンを生成しているのは動物性の食品のみに存在する細菌で、ザウアークラウトの酸酵体とはまったく性質が異なるのだ。

●ザウアークラウト

ザウアークラウトの発明の功績は有史以前のドイツ人にあるとされているが、この食べ物の酸っぱさの魅力を最初に認めたのはドイツ人ではなかったらしい。中国に現存する最古の総合的農書「斉民要術《せいみんようじゅつ》」の題名は、英語では「庶民の重要生活術」あるいは「農民のための重要技術」などと訳されている。この本のなかでは、6世紀の野菜の保存法が広範に説明されている（「王族のための重要技術」という題なら違うテーマが扱われそうだ。たとえば暗殺とか）。白菜など31種類の野菜が取り上げられ、野菜の醗酵法については1章丸ごと割かれている。

食物史家のジョイス・トゥームレによると、そうしたレシピの40パーセントがザウアークラウトの異なる作り方なのだという。トゥームレは、1237年にモンゴル軍がロシアと東ヨーロッパに侵攻した際に、おもにモンゴル系のタタール人によってザウアークラウトがもたらされたと述べている。同時にシナモンやサフランなどの高級食材も伝わった。「斉民要術」はまた、その他の野菜の保存法も紹介している。酒や炊いたコメや酢に漬ける方法な

ドイツの白キャベツのザウアークラウト。醱酵ずみですぐにも食卓に載せられる。

ポール・カウフマン作「ザウアークラウト作り *Fabrication de la choucroute*」(1902年)の挿画

どだ。

ザウアークラウトが勝者となった理由は定かではない。だが、他の保存方法より多くのビタミンを保つことが可能であり、内陸部にいる農民にとっては貴重な塩を大量に使う塩乾処理よりも塩水に漬けるほうがはるかに安上がりだったのは事実だ。一部の研究者によると、中世末期のルネサンス期に安い塩が手に入るようになったことが大きな要因となって、バルト海沿岸諸国の人口は爆発的に増えたという。キャベツ(とニシン)の保存により、やせた土地や栽培可能な期間が短い地域でも農民は十分な栄養を摂れるようになったのだ。

「斉民要術」からは、白菜は中国であまり重要でないような印象を受ける。白菜はカブの項目で話のついでに触れられている程度で、ウスベニアオイ（学名*Malva sylvestris*）の中華料理に割かれた圧倒的スペースとくらべると、あてられた分量ははるかに少ない。ただし――野菜の占星術師がいたら言いそうなことだが――10世紀以降は白菜の運気が上がって立場が逆転する。一説では多年草のウスベニアオイが重宝されたのは、植物から搾油していなかった時代に、ソースや煮こみ料理に粘液を分泌するウスベニアオイの葉を入れると、とろみが出て味がまろやかになったからだという。

ちなみに、ふわふわしたお菓子の「マシュマロ」の名は、この植物の英名マロウ（mallow）から来ている。搾油の技術が知られるようになると、わざわざねばねばの葉を食べようとする者はいなくなり、白菜と一年草の近縁種が、成長に勢いがあり葉がやわらかいことから好まれるようになった。

西洋では紀元前3世紀にはキャベツを容器に詰めてピクルスにしていたが、酸っぱいワインや酢、ベル果汁［未熟な果物の酸っぱい果汁］に塩をくわえた液に漬けて保存していた。中世のキャベツのピクルスは塩をどっさり入れて保存していたので、塩を洗い落とさないと食べられなかった。それにひきかえザウアークラウトは醱酵している。つまり乳酸菌が懸命に働いてくれるおかげで保存されるのだ。最初のうちキャベツがまだ生に近く塩基性のときはロイコノストック（L）・メセントロイデス菌がつくが、その後ラクトバチルス・ブレビ

ザウアークラウトから分離した
ラクトバチルス菌

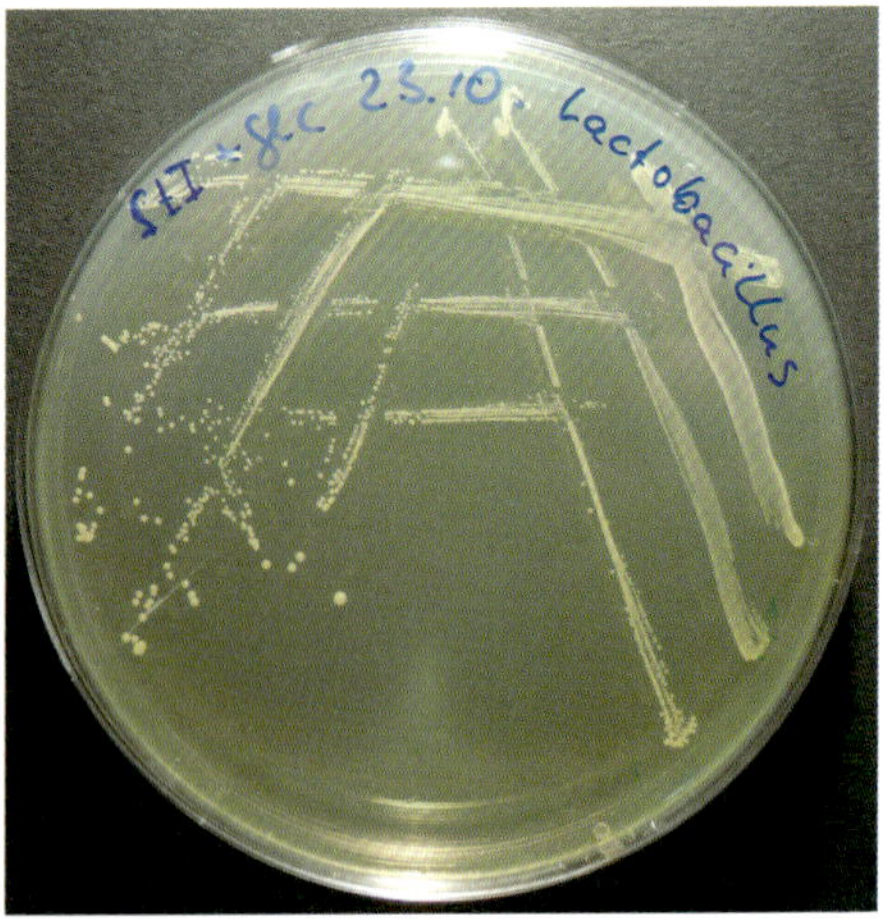

スー菌とラクトバチルス・プランタルム菌が増殖して保存液の酸味が増す。

ザウアークラウトを作る際は、キャベツを細かくきざんで塩を均等に混ぜてから、かめか広口瓶に詰めこみその上に覆いになるものを置いて重しを置く。一般的に醱酵しているザウアークラウトの塩分濃度は、1・5〜4パーセント（重量パーセント）だ。この濃度であれば、有益な微生物の多くは死なないし、キャベツの水も上がってくる。重しを置くのは、キャベツを水の中から浮きあがらせないためだ（これは重要）。この手間は省略できない。醱酵キャベツをいつまでも長持ちさせてくれるかわいい生物は、キャベツが漬け汁に完全に浸《つ》かっていないと数が増えない。秘められた王国の生き物は空気に触れると死滅してしまい、キャベツはカビやぬるぬるしておかしなにおいのするさまざまな微生物に対して無防

自家製のザウアークラウトを作れる電気鍋

備になってしまうのだ。

　キャベツの漬け汁の中にいる細菌は糖分を旺盛な食欲で取りこんで、酸に変える。うまいことに酸性の液はもともとキャベツにあったビタミンCのほとんどを保っている。適度に醗酵させたザウアークラウトは特有の刺激臭とツンとした酸味があるが、腐敗臭はない。キャベツに含まれるグルコシノレートなどの硫黄化合物は、加熱したり傷んだりしたときは腐ったようなにおいを発生させるが、乳酸醗酵すると完全に分解される。もし自家製のザウアークラウトから下水のにおいがするなら、それはもう腐っているので潔く捨ててしまおう。

　ザウアークラウト工場の醗酵タンクには、ザク切りや千切りにしたキャベツを100トン以上も保存できるものがある。キャベツの芯をくり抜くのは、芯に含まれるショ糖がL・メセントロイデス菌の増殖を間接的に促すからだ。この気まぐれな小さな細菌は、条件によってはザウアークラウトをねばつかせたり糸を引かせたりする（同じ乳酸菌が同時に悪玉と善玉になりえるというのは理解に苦しむところだ）。キャベツには塩だけをくわえ、出てきた水分と合わせて2〜3パーセント（重量パーセント）の塩分濃度にする。その後は巨大なタンクに移し、きちんと管理された細菌に消化させる（ただし、最初に塩分濃度を2パーセントにしてザウアークラウトの温度を18℃に保てば細菌の培養にはもう悩まなくてよい、と科学的に主張する研究者も少数派ながら存在する）。ヨーロッパの工場では醱酵開始から1週間ほどで商品を包装する工程に入る（ちょうどかすかに辛味が出てくる頃だ）。しかしアメリカ人はヴィンテージものに目がないので、長ければ1年間タンクに入れっぱなしにし、目の覚めるような酸っぱいザウアークラウトをつくることもある。

工場で作られるザウアークラウトは一般的には販売前に加熱殺菌されるので、有益な微生物がかなり失われていることが多い。これはとても残念なことだ。なぜなら、人間はある種の微生物を吸収すると腸の働きがよくなるという証拠が続々と出てきているからだ。これは入浴を避ける宗教者による根も葉もない主張ではなく、正真正銘の科学的事実である。ヒトの腸はザウアークラウトのかめと同じように密封された液体環境にあり、おびただしい数の

手押し車に、「フランクフルト」が5セント（ザウアークラウトあるいはタマネギつき）という値段表示がある。1939年頃のニューヨーク。

嫌気性菌の住み処となっている。

ブルートヴルスト［ブラッドソーセージ。血液を材料にくわえたソーセージ］の付け合わせといえばこれ——というように、ザウアークラウトはドイツ文化の一部でもあるような印象を受けるが、最初にその名が文章中に書き留められたのは意外なことにフランスだった。それは「健康の宝 *Le Trésor de santé*」（1607年）と題された本で、ザウアークラウトを「ドイツ」料理と説明している。

この本のザウアークラウトには、ビャクシン、メギ、コショウという刺激的な材料が入っているが、現代の典型的なザウアークラウトにはこれらはくわえない。たいていはキャベツのわずかな酸味としょっぱさを感じるだけだ。

ザウアークラウトに理想的な辛味が出て熟成してきたら、決断のときが訪れる――こんなに多くの酸っぱいキャベツをどうしようか？　1970年代初めから「チョコレート・ザウアークラウト・ケーキ」、「クラウト・ファッジ・ケーキ」などという名のスイーツが、米国のローカルな料理本に少しずつ登場してきた。そうした本にはレシピ誕生の由来も紹介されている。1960年代風のエイプリルフールの冗談で作られた、米農務省の余剰食糧部がザウアークラウト料理コンテストを開催したときに応募された、などだ。いちばんありえそうなのは、ザウアークラウト販売会社のパンフレットにレシピが載っていたという説明だろう。そのなかでザウアークラウトは、甘いパンに入れるズッキーニやカボチャと同じ役割をしている。かさ増しになり、生地をしっとりさせるが、強烈な風味はない（少なくとも材料にチョコレートを使えば風味は気にならなくなる）。

このケーキについて寄せられた感想はさまざまだった。夢中になった者もいたし、ケーキだと思っていたのにキャベツの千切りが入っているじゃないかと文句を言う者もいた。たしかにこの組み合わせは突飛に思えるかもしれないが、チョコレートとザウアークラウトには共通の香り分子がある。調理について物理学的・化学的に考察する分子ガストロノミーにとっては興味をかきたてられるテーマだ。

◉キムチ

キムチを醱酵させる細菌はザウアークラウトと同じだが、作り方はかなり違う。白菜（ペチュ）キムチ作りは、白菜を縦半分に切ることから始まる。それから塩分濃度5～10パーセントの塩水に漬け、重しを置いて葉がしんなりしてきたら白菜を流水で洗い、塩抜きする。水気を切ったら薬念《ヤンニョム》と呼ばれる合わせ調味料を葉に塗る。薬念にはさまざまな作り方があるが、驚くほどの量の赤トウガラシと、ニンニク、ショウガ、イワシの塩辛、ネギなどが基本の材料だ（白菜の外側だけでなく、葉を開いて中まで塗る）。そしてこれを壺に詰める。最終的に塩分濃度は3～6パーセントになる。下処理のすんだ白菜は昔は陶製の壺に詰めて土に埋め、年間を通じて比較的安定した温度に保った。ザウアークラウトと同じ細菌が、ほぼ同じ時期に現れる。最初は乳酸菌が糖分をむさぼり尽くすが、醱酵が進むとそれより耐酸性のある微生物と入れ替わる。ただしキムチの醱酵期間は伝統的なザウアークラウトより短い。

現代のキムチ愛好家は自宅にキムチ専用の冷蔵庫をもっていて、醱酵中の2～3日は18℃に保ち、その後は食べるのを我慢できるかぎり氷温状態で保存しておく。この手順でキムチはやや酸味を帯びるが、ラクトバチルス菌が消滅するほどの酸性化はしない。理想的な

器に盛ったキムチ

韓国の家庭で使用しているキムチの壺

キムチは、塩辛さと薬味の風味が混然一体となっていてほのかに酸っぱいが、熟成したザウアークラウトのように鼻にツンと来る衝撃的な酸味はない。キャベツ類の料理の常で、キムチは地方ごとに特色がある。現代のある朝鮮人の文筆家はこう書いている。

北部では、短い夏と長い冬〔に合わせて〕あまり辛くなくあっさりしたキムチを作り、白菜の生の食感を保つ傾向がある……南部は北部よりは気温が高いので、塩味と辛味の効いたキムチを作って、酸っぱくなったり悪くなったりするのを防ごうとする。

20世紀半ばまで、村人は客の身分によってキムチの出し方を変えていた。ある口述歴史によると、貧しい者には申しわけ程度のトウガラシと白菜の外葉だけの「粗末なキムチ」を、漬け壺から無造作に出すだけだった。この青白くふにゃふにゃしてまずそうなキムチとは対照的に、大切な客や年長者にはトウガラシで真っ赤になっていて、ふっくらして歯ごたえのある中葉のキムチを鉢にきれいに盛りつけて出していた。

炻器《せっき》〔よく焼きしまり、吸水性のない焼き物〕のかめが発掘されていることから、朝鮮民族が遅くとも5000年前には野菜を塩漬けにして保存していたと主張する者はいるが、こうした容器は食べ物を保存するのに使われていただけなのかもしれない。現代のキムチで誰もが知る代表的な食材、白菜とトウガラシは、朝鮮の記録には17世紀の李氏朝鮮の時代になってやっと登場する。

キムチに白菜が使われはじめた正確な時期については、この民族の研究者がいま熱い議論を戦わせているところだ。「キムチを裂くように人を引き裂きたい」（後百済《ごくだら》の弓裔《きゅうえい》。８５７年頃～９１８年）といった言葉の引用は、何かが裂かれていたことを意味している。ところがそれはワケギかもしれないし、ウスベニアオイ、カラシナ、あるいはそれとはまったく違う野菜だったかもしれない。

朝鮮半島で最初にキムチに言及したのは、詩人の李奎報《りけいほう》だろう。いわく「醤油漬けの蕪《かぶら》は夏の３か月間よく、塩漬けは冬の９か月間よい」。この句はまた、朝鮮半島の気候をこのうえなく悲観的に表現している。

現存する最古の韓医学書、「郷薬救急方《きょうやくきゅうきゅうほう》」（「庶民の救急医学」の意。１２３６～51年）は、次のように述べている。「菘《スン》（非結球の白菜）は甘くてまろやかな味がして毒がない」。またこの本は、ソウルで白菜を栽培すると不幸なアレクサンドリア人と同じように、交雑したキャベツ種の問題が起こったとも記している。作物から種子を取って３年過ぎると白菜がカブになるのだ。野生のキャベツに先祖返りしたのである。朝鮮の人々は北京から白菜の種子を買うしかなかった。

ただし、17世紀のキムチ作りの手引書で白菜が出てくるものはほとんどない。カブ、ダイコン、キュウリ、ナス、タマネギ、エゾネギなどといった他の野菜のほうがはるかに一般的だった。これまで知られてきたなかで白菜のキムチに最初に言及したものは、1766年発行の「山林経済《さんりんけいざい》」である。キムチとしてはかなり遅い。この本では40種類のキムチについて述べられており、パピルス、ガマで作ったキムチなどというものもある。

朝鮮にはじめて紹介された頃の白菜は非結球種で、とても高価で貴重だった。15世紀初頭の李氏朝鮮が興《おこ》って間もない頃、京畿道《キョンギド》の村人は国王世宗《せいそう》の母を祀《まつ》った祠《ほこら》に4月と5月は白菜を毎日奉じるよう命じられた。当初、白菜はおもに漢陽《かんよう》（現ソウル）の門のすぐ外で栽培されていたが、宮廷が拡張するにつれて、白菜の農作も広がってソウル郊外にまで到達した。だがこの野菜を消費していたのは富裕層が中心だった。また少なくとも1533年までは白菜の種子が中国から輸入されていたという記録がある。

トウガラシと魚醤《ぎょしょう》［塩漬けにした魚からつくる醤油に似た調味料］を使った白菜のキムチは、18世紀になって庶民のあいだに広がりはじめた。白菜栽培は朝鮮全土に行き渡り、白菜はじりじりと公式文書の野菜リストの頂点に近づいていった。トウガラシは1592年の文禄《ぶんろく》の役《えき》［豊臣秀吉の最初の朝鮮出兵］頃に日本から朝鮮にもたらされると、瞬く間にキムチの材料に取り入れられた。

19世紀の初めには、儒学者の丁若鏞《ていじやくよう》が、著書「経世遺表《けいせいいひよう》」（国政改革を提案）のなかで次のように述べている。「ソウルの内外と大都市で、民は10畝《うね》（約4045平方メートル）の畑地からとれたネギ、ニンニク、白菜、キュウリを売って何万文《ムン》も儲けていた」。1820年代の朝鮮で、1文にどれほどの価値があったか、まして何万文ともなると見当がつかない。それでも丁は自宅の菜園の半分に白菜を植えつけていた。

1907年には白菜は朝鮮最北端の行政区分、咸鏡道《ハムギョンド》で栽培されるようになり、値段は今日の貨幣価値で1株1・5～3米ドル程度にまで下落した。それにともない、魚醤やトウガラシなどキムチのさまざまな薬念《ヤンニョム》（薬味）も、貴重な贅沢品から日常的な食品へと変化した。

20世紀初めに日本が朝鮮を占領したときには、何千という朝鮮人が都会に移り住んだ。そこで新政府の頭痛の種となったのが、立冬の前後に一年分のキムチを漬けこむために家族と近所の者が集まる習慣、キムジャンだった。毎年秋の3週間に向けて、何トンもの白菜やダイコン、トウガラシなどの薬念を都会のキムジャン市場に輸送しなくてはならない。こうした市場ではトン単位の廃棄物が出るが、その大部分は落とされた白菜の外葉だった。

当時の新聞も仁川《インチョン》、龍山《ヨンサン》などの都市で山積みになっているゴミについて報じている。この問題は1960年代になっても解消されなかった。またキムジャンの妨げになったのは、多くの都市での水不足と給水制限だった。そういった都市はすでに1920年代と1930年代に上水道を新設していたのだが、それでも深刻なキムチ・ショックは避けられなかった。

工業化が始まる前の朝鮮では、キムジャンの日は伝統的に11月7日だった。これくらい秋が深まれば、漬けたキムチはあまり早く酸っぱくならないが、白菜が霜の被害を受けるまではまだ間がある。1950年代になるとキムジャンは11月25日に移動した。多くの労働者が月給を手にして、大量の白菜を買う余裕のある日だ。企業によっては、キムチがなくては夜も昼も明けない雇用者のために、11月にキムジャン・ボーナスを出すところもあった。今日の韓国ではキムジャンは週末に行なわれている。学校や仕事がなく、家族に時間があるからだ。

キムチの辛さは、中国の腌菜《イエンツアイ》（漬物）や日本の漬物とは一線を画している。また、控え目に言っても、そのにおいは独特だ。韓国の研究者、趙弘植《チョウホンシク》は次のように書いている。「60年代の初めまで、キムチは異文化の環境では気おくれのするものだった。韓国人はキムチのにおいがひどいのを認めていた。韓国人はキムチを食べるのをやめられなかったが、外国人に面と向かってキムチを気に入ってくださいとはとても言えなかった」。1970年代になると、中東の建設現場で働く韓国人の「出稼ぎ労働者」のおかげで、キムチの輸出市場の拡

キムチにするために塩漬けにした白菜

大に拍車がかかった。

しかし研究者の大半は、キムチがスタートダムにのし上がったのは1988年のソウル・オリンピックだったと考えている。急速な工業化と都市化、軍事独裁政権下の生活が20年続き、仕事帰りにスーパーでキムチを買う女性が増えてくると、韓国人は田舎の家庭料理を身近に手に入れられるようになった。それも手作りの風景が目に浮かぶようなキムチだ。西洋のメニューからキャベツが徐々に姿を消しつつあるこの時代に、韓国は白菜のキムチを文化的な象徴として断固として守りつづけている。

初代のキムチ博物館は1986年にソウルの食品工場内に創設され、1988

キムジャン。冬を目前にしたキムチ作り。

2014年ソウルキムジャン文化祭。キムチを作り分かち合うことをテーマとした。

年には買収されてソウル・オリンピックの会場に移転された。キムチはオリンピックの公式メニューにくわえられ、以降は韓国の全アスリートにとっての公認食品になった。もっとも、選手を励ますスローガンは「韓国のサッカーはキムチの力だ」（2002年サッカー・ワールドカップ）のように意味不明だが。

キムチには、がん、便秘、高血圧、糖尿病、そして鳥インフルエンザを予防する効果があるといわれている。1996年、政府の文化体育部は、プルコギとつけ合わせのキムチは韓国文化の5大シンボルのひとつであると宣言した。その他の4つは、ハングル文字、民族衣装、テコンドー、仏国寺《プルグクサ》である。

1990年代には、韓国はキムチをめぐり日本との国際貿易紛争に突入した。日本の製造業者もキムチを作りはじめていたが、それは朝鮮人から見れば「日本版」キムチであり、朝鮮民族のソウルフードとは似て非なるものだった。日本人はそんなことは知らず、1996年のアトランタ・オリンピックで日本の公認料理にくわえることをほのめかしさえした。韓国のキムチ製造業者が非難の声を上げ、国連食糧農業機関の標準化委員会である国際食品規格に訴えた。日本には、醱酵を省略してクエン酸などの人工酸味料をくわえ、増粘剤を使っている業者もいた。「日本人が売っているのは、白菜に調味料と人工香料をまぶしたものにすぎない」と韓国最大のキムチ製造業者、株式会社斗山《トウサン》のアシスタントマネージャーをつとめるロバート・キムは述べている。

２００1年、国際食品規格は次のようにキムチを定義する任意規格を発表した。「塩漬けの白菜にさまざまな調味料を混合し、乳酸の生成により適切に熟成・醱酵された製品」。国際食品規格はキムチの醱酵時間については触れていない。10秒か？　２週間か？　しかも具体的な添加物名をあげて禁じてもいない。

２０００年に韓国で作られたキムチは１５０万トンにのぼった。45万トンが工場生産で、１００万トン以上が自家製である。２００５年には中国のキムチ・メーカーが市場にひそかに参入して、年間10万トンのキムチを韓国に輸出した。それを皮切りに「キムチ戦争」が勃発した。２００５年に韓国の政治家が中国製のキムチに鉛が入っているとの非難をし（実際は事実ではなかった）、韓国の食品医薬品安全庁が中国製のキムチの一部から寄生虫の卵を発見した（おそらく白菜の収穫者が不衛生にしていたのだろう）。

対する中国は、韓国のキムチの一部から寄生虫の卵を検出したと発表し、韓国からの輸入を禁止した。この小競り合いは、双方が検査の強化に同意することで終結した。中国はまた、醱酵させる韓国のキムチには大量の大腸菌群が発生するリスクが高いと判断して、２０１０年に低温殺菌していない韓国のキムチの輸入を禁じた。輸入は２０１6年に再開している。

２０１０年に韓国で白菜が不作になると、多くの韓国人が塩で揉むのではなく気を揉む

アメリカの韓国系スーパーマーケットで陳列されているキムチの瓶詰め

事態になった。ソウル市はキムチ緊急援助計画まで立ち上げて、都市の需要に応えるべく、白菜30万個分の費用を負担して市場価格の高騰を抑えた。

2013年にはユネスコが韓国の求めに応じて、「大韓民国でキムチを作り分けあう」キムジャンを、次のような趣旨で「人類の無形文化遺産の代表的な一覧表」に登録した。

集団で行なうキムジャンの風習は、朝鮮民族であることを再確認すると同時に、家族の協力を強化するまたとない機会になる。キムジャンはまた重要な警鐘となって、多くの朝鮮民族に人間社会が自然と調和しなければならないことを想起させる。しこみは一年ごとに行なわれる……地方によって違いがあり、キムジャンで用いられる特色ある方法と材料は家族の重要な遺産と考えられて、通常は義理の母から嫁いだばかりの義理の娘に受け継がれる。

第4章◉人間の食物と牛の飼料

気の毒にバケツ氏は、いくらいっしょうけんめい働いても、いくらすばやくキャップをくるくるかぶせても、これだけの大家族に必要なもの半分すら、買えるお金をかせげなかった。やっとの三食は、朝がマーガリンをつけたパン、昼がゆでジャガイモとゆでキャベツ、夜がキャベツの煮汁《にじる》。

——ロアルド・ダール『チョコレート工場の秘密』［柳瀬尚紀訳／評論社／2005年］

◉「貧者の口に入るもの」

キャベツは人々に好まれていたにもかかわらず、何世紀ものあいだ食材としては貧者の口に入るものという位置に運命づけられていた。それどころか豊かな時代には、牛や馬の飼料になっていた。美食作家M・F・K・フィッシャーは、友人の女性がゆでたキャベツのにおいを嗅いだときの反応を端的に伝えている。友人は思わず「あら、わたしたちスラム街にいるのね！」と口走った。キャベツは驚くべき造形のおかげで、商業用の食品写真の世界ではもてはやされているが、高級料理とモダニストのメニューからは依然として除外されている。

キャベツは中世の「存在の大いなる連鎖」という思想のなかで、低い役割におとしめられていた。最高位にあるとされたのは、食べられる空の生物（美しい声で鳴く鳥、ガチョウ）で、そのはるか下に位置づけられたのが水の生物（魚）もしくは土の生物（野菜）だった。キャベツは食物連鎖の最低レベルの分類――土の中で育つカブやタマネギなど――にこそ入っていないが、似たようなものと考えられていた。

かつてキャベツは王にふさわしい野菜だった。フランス王ジャン2世がイギリスの城に幽閉されていた当時、王と側近のために1360年に購入された種子のリストの中にキャベツの名がある。9世紀、フランク王国のカール大帝（シャルルマーニュ）の領地台帳には王の菜園で栽培されていた野菜が少し載っているが、そのなかにもキャベツがある。ほかに育てられていたのは、セロリ、カブ、コールラビ、ビーツ、リーキ、ニンニク、エシャロット、タマネギだった（タマネギの仲間がこうも多いと、制限食の材料でなければ、タマネギ王にでもふるまわれたのかと思いたくなる）。カール大帝はアブラナ科アブラナ属のコール

ヨアヒム・ブーケラール作「四大元素：大地。青果市場と背景のエジプトへの逃避 *De vier elementen: Aarde: groenteen fruitmarkt met in de achtergrond de vlucht naar Egypte*」（1569年／油彩、キャンバス）

ラビを家臣にすら食べさせようとしなかった、と主張する者もいる。それで「軟弱」になるのを恐れて、代わりに馬の飼料にしたというのだ。

しかしこのような説には違和感を覚える。というのは、カール大帝は御料《ごりょう》地令《ちれい》で、臣民にさまざまな野菜を植えるよう強く勧めていたからだ。たとえば、キュウリ、カボチャ、インゲンマメ、ヒヨコマメ、レタス、ルッコラ、コショウソウ、セロリ、ビーツ、ニンジン、パースニップ、ヤマホウレンソウ、ホウレンソウ、コールラビ、キャベツ、タマネギ、エゾネギ、リーキ、ラディッシュ、エシャロット、ニンニク、ソラマメ、

ピーテル・デ・ホーホ作「アヒルをもった女とキャベツをもった女 *Kücheninterieur mit zwei Frauen bei der Arbeit*」（1677～84年頃／油彩、キャンバス）

エンドウマメ、バンダイソウなどである。こうした野菜のほとんどはあまり日持ちはしない。貯蔵するようなものではなかったから、領地管理人の台帳には記載されなかった可能性はある。

台帳に載らないということは、農民がキャベツを栽培するかしないかに大きく関わる。中世末期には、栽培場所が畑のあいだの目立たない空き地から、農家に近い自家用菜園に移された。小作人は自家用菜園での収穫については領主に税を払わなくてすんだので、そこは自分たちで食べる分の野菜を育てるのに非常に魅力的な場所だったのだ。

非課税の食べ物が重宝されたのは、ひとえに農民が支払いにあてられる金をあまりもっていなかったからだ。1457年のルネ・ダンジュー［フランスの王族］のプロヴァンス領有地を調査したところ、農民が食費の86パーセントをジャガイモなどの穀類もしくはパン、およびワインに使っていることが判明した。一方、自治都市の市民の代表である監督官は裕福であり、穀類とワインへの出費は食費全体の60パーセントにすぎなかった。農民の大多数は、パンとワイン以外のチーズやハム、ブランデー、キャベツといったものはすべて、なけなしのたくわえからまかなっていたのだ。同時期のイギリスの農民も事情は変わらず、手もちの金のほとんどを穀類に支出していた。

歴史家のルイ・ステュッフは、あるとき観光案内所を訪れ、プロヴァンス地方の農民がタペナード［黒オリーブ、ケイパー、アンチョビーなどで作るペースト］とアイオリ［ニンニク入りマヨネーズ］をおいしそうに食べている絵を見た。本当だろうかと思った彼は、14～15世紀のプロヴァンスの食料供給の歴史について調査し、プロヴァンスの一般住民の圧倒的多数は、塩漬けの豚肉とエンドウマメ、インゲンマメとキャベツばかりを食べていたことを明らかにする論文を書いた。当時のほかのヨーロッパの食料事情も似たり寄ったりだった。プロヴァンス料理の「伝統」は、じつは19世紀に始まったようだ。ちょうどキャベツが（またもや）流行遅れになりはじめた時期である。

13世紀のドイツ、バイエルン地方の有名な抒情詩人、ナイトハルト・フォン・ロイエンタールは、キャベツが罰として与えられる歌を作っている。ある若いごろつきがめとった妻は堅《かた》物《ぶつ》で、男の贅沢好きをよしとしない。男は地元の女たちからほしいものを略奪したので罰せられる。ロイエンタールはこんなふうに歌いあげる。「男はあらゆる種類のキャベツを際限なく食べ続けることになる。おかげで髪の毛は逆立つだろう」

原因がなんであろうと、このような野菜への貧しい認識は、北欧にくわえてなんとあのフランスでも何世紀も続いていた。「ル・ヴィアンディエ・ド・タイユヴァン *Le Viandier de Taillevent*」は、15世紀末に出版されて大きな反響を呼んだ料理書である。この本に出てくる野菜は、キャベツ、エンドウマメ、ソラマメ、リーキ、タマネギのたった5種類。著者のタイユヴァンは、気難しい4歳児とほぼ同じ種類の野菜を毎日食べていたことになる。歴史家のヴィクトリア・ディッケンソンがこう指摘している。

1300年から1660年にかけて、野菜を使った料理の占める割合は4倍になり、料理書に登場する野菜の種類は倍増した。フランスのニコラ・ド・ボヌフォンが17世紀半ばに出版した「田園の悦楽 *Les délices de la campagne*」では、56ページを野菜のレシピにあてている。そのなかではカボチャ、ジャガイモ、白インゲンマメといった新しい野菜も扱われていた。

●食文化の転換

ヨーロッパの食文化は17世紀に転換期を迎えた。フランス王宮の新世代のシェフが、中世およびルネサンス期のスパイスと詰め物偏重の料理を糾弾する役割をみずから買ってでたのだ。ルイ14世の侍従だったニコラ・ド・ボヌフォンが、キャベツを権威の象徴としてとらえたのも無理はない。それは次のような言葉に表れている。「キャベツのスープならキャベツの味だけがするものを作りたい……腹を満たすのではなく純粋に味を楽しむ料理を目指すために、小間切れ肉や角切り野菜、パン粉などを混ぜて手のこんだごまかしをするのをやめるのだ」

1803年になっても、フランスの美食家グリモー・ド・ラ・レニエールは、発行していた「食通年鑑 *Almanach des gourmands*」のなかで、キャベツを擁護する必要性を痛感していた。

キャベツがすばらしい引き立て役であることは、それが洗練された料理であっても変わらない。才能ある職人は、スープやつけ合わせ、副菜に変化をつけるために、この野菜のよさを引きだす秘訣を心得ている。尊大な者からの嘲りは不当だ……低俗以外の何ものでもない言葉が偉大な詩人のペンで高貴な言葉に生まれ変わるように、キャベツ・ア・ラ・バヴァロワーズ（バヴァロア）のような名の料理でキャベツは、「豚などの胃・腸を詰めた」アンドゥイユ・ソーセージの下に敷く野菜として愛されており、並みのシチューとは趣を異にしている。

グリモーはまたザウアークラウトを「キャベツのよくない特性をすべて削ぎ落としている」と賞賛した。

●飼料作物

キャベツは飼料作物としてイギリスに広がっていた。ド・ラ・レニエールはそんなことにも反発していたのかもしれない。古典学者のなかには、「brassica（ブラッシカ）」（「アブラナ科アブラナ属」の意）は、ラテン語の「praesecare（プラエセカーレ）」、つまり先に切り落とすという意味の語を縮めた形ではないかと考える者がいる。家畜の餌にするためにキャベツの葉を少しずつ切り落としていたからだ。

オランダの農民は中世末期からキャベツを冬季の飼料作物として使用していたが、牛やヒ

ピーテル・アールツェン作「市場の野菜屋台の女 *Marktfrau am Gemüsestand*」（1567年／油彩、板）

ジェームズ・ピール作「静物：ツルレイシと野菜 *Still-life: Balsam Apples and Vegetables*」（1820年代頃／油彩、キャンバス）

ツジの餌にキャベツが適しているという情報がイギリスに伝わったのは17世紀末のようだ。そして18世紀になって、さまざまな作物が不作になり穀物の飼料に不足するようになってから、そのよさが再発見された。イギリスの歴史家ロバート・トロウ＝スミスが説明しているように、キャベツには「厳しい冬に耐えて早春の飼育までもつという、カブにはない長所があった……牛にこれを食べさせると、ほかの冬用の飼料を与えたときより、日に半ガロン（2リットル強）多く搾乳できた」。キャベツのあとに飼料作物になったのは、別のアブラナ属のカブとルタバガ（ブラッシカ・オレラセアとブラッシカ・ラパの交雑種）だった。

イギリスでは、キャベツが経済学の対象にされることもめずらしくなくなった。もはや自家用菜園の魅力的な収穫物ではなくなったキャベツは、アダム・スミスが1776年に認めているように、本格的な農作物となっていた。

馬鈴薯《ばれいしょ》は……三、四〇前の価格の半分もしない。同じことが、かぶ、人参《にんじん》、キャベツについてもいえるのであって、それらは以前には手鍬《てくわ》でしか栽培されなかったのであるが、いまではふつう馬鍬《まぐわ》で栽培されている［アダム・スミス『国富論』河内一男監訳／中央公論社／1988年］。

◉新世界でのキャベツ栽培

その頃にはキャベツは新世界の全域で定着していた。ジャック・カルティエによるカナダの入植地では1540年にキャベツの植えつけが開始され、1565年にはイスパニョーラ島西部（ハイチ）でキャベツとケール、コラードが栽培されていた。1631年には北米のマサチューセッツ湾植民地でも、ジョン・ウィンスロップ総督がロンドンの食料雑貨商からアブラナ科（コラード）の種1オンス（28グラム）、「キャベツ」（cabege）の種8オンス、

ハイチ、カンスコフの山頂にあるワイン・ファーム農業訓練施設のキャベツ。

「カリフラワー」（culiflower）の種2オンスを注文している。それ以外にウィンスロップが発注した種子は、ラディッシュの半ポンド（226グラム）だけだった。

1669年にはヴァージニアで入植者のキャベツ作りが記録されている。ブロッコリーは18世紀に、メキャベツは19世紀に新世界に到達したと見られる。ドイツ人は入植すると必ずザウアークラウトの伝統をもちこんだ。1753年にはノヴァスコシアのルーネンバーグに、ドイツ人とスイス人がイギリスのコーンウォリス将軍に勧誘されて、イギリス人入植者を補充するため、あるいはおそらく入れ替わるつもりでやって来た。

キャベツは故郷を懐かしむヨーロッパ人の心をとらえただけではなかった。地図製作者

アーサー・メルヴィル作「キャベツ畑 *A Cabbage Garden*」（1877年／油彩、キャンバス）

のバーナード・ロマンスは、1770年代末に現在のミシシッピ州にあたる場所をまわり、先住民のチョクトー族がキャベツやリーキ、ニンニク、ブタ、アヒルを育てているのを目撃した。こうした農産物や家畜はすべて交易用だったとロマンスは主張しているが、チョクトー族は豚肉をたらふく食べていたという信頼できる口承もある。この先住民が交易をきっかけにこのような農産物の味を覚えたと考えるのは、それほど的外れではないだろう。

19世紀のヨーロッパ北部の国々では、貧しい農民にとってキャベツは最後の頼みの綱でありつづけた。モスクワから200キロほど南東にあるリャザニ州を訪れた者は、次のように述べている。「農民はたいした自家用菜園をもっていないので、野菜をあまり食べていない……断食の日［動物の肉を忌避する宗教的行事］に大量に使われるのはキャベツ、タマネギ、ラディッシュくらいなものだ。農民は他の野菜をほとんど知らない」

19世紀半ば、多くの米国の家庭の食卓につねにあった野菜はといえば、安くて料理しやすいキャベツだけだった。1874年にマサチューセッツ州の労働者階級世帯を対象に行なった食事調査では、全体の40パーセントが、毎日食べる野菜はキャベツとジャガイモだけだと回答した。またそれ以外の55パーセントが、キャベツとジャガイモ以外の野菜を食べるのは1日に1度だけだと答えている。今日のアメリカ人の食生活も似たようなものだ。ただしキャベツは姿を消し、どの年齢層でもトマトとジャガイモが野菜消費量の半分以上を占めている。

こうした傾向は米国の低所得層で長く続いた。輸送と冷蔵の技術は進歩を遂げたのだが、貧しいアメリカ人はそのどちらとも無縁だったからだろう。1936年にアフリカ系アメリカ人を対象に行なった食生活の調査では、平均的な世帯が1週間に消費した野菜は、トマト（生または缶詰）450グラムとキャベツなどの葉菜540グラム、サヤインゲン590グラムだった。

●「奴隷の食べ物」とソウルフード

合衆国南部では、コラード（コラード・グリーン）とキャベツをどう位置づけるかは簡単ではない。というのも、これらのアブラナ科アブラナ属には、貧民だけでなく奴隷の食べ物だったという歴史的背景があるからだ。ある著述家の言葉がそれを示している。「豚足やコラード、ササゲ、ひきわりトウモロコシのような食材を使った食べ物を、単純に『南部の家庭料理』と言ってよいのだろうか。あるいは、それは『奴隷の食べ物』だったと認識すべきなのではないか」。今日でも南部の家庭ではコラードとキャベツをよく食べる。ただし、とくに豚肉の脂身または背脂を使い、これらの野菜を豚肉と一緒に炒めてからじっくり蒸し煮にする料理は、奴隷だったアフリカ系アメリカ人の子孫に伝わる伝統料理であり、南部のソウルフードにもなっている。

1960年代には、アフリカ系アメリカ人のエラジャ・ムハンマドが次のように警告している（ムハンマドはアフリカ系アメリカ人を中心とする宗教団体、ネーション・オブ・イスラムの指導者だった）。

エンドウマメやコラード、カブ菜、サツマイモ、ジャガイモは、安く作れる野菜だ。南部の奴隷はこうしたものを食べさせられてきたし、いまだにたくさん食べろと言われる。だが中上流階級の白人の大半はこんな安物はめったに口にしない。人間が糧とするには不適切だからだ。

ムハンマドはまた、キャベツの緑の外葉と「キャベツの芽（スプラウト）」は食べるべきではないとした（白い中葉は食べてもかまわない）。ムハンマドの信奉者が「奴隷の食べ物」を避けて奴隷所有者の思考形態を頭から一掃すれば、家畜の飼料としてのみふさわしい食べ物をみずから口に運び、人間としての尊厳をおとしめることもなくなるのだ。しかしエラジャ・ムハンマドが1975年に没してから数十年が過ぎると、ネーション・オブ・イスラムのメンバーは、コラード料理などのソウルフードをアフリカ系アメリカ人に誇りをもたらすものと見るようになった。昔ながらのイスラム教スンニ派の厳格な戒律に従って肉を調理し、禁止されている食物を避ける者も増えつつある（たとえば豚肉の食用は今でも許されていない）。ムハンマドが「奴隷の食べ物」に反発して主張したこととは、大きく方向性がちがってきている。

２０１６年にニーマン・マーカス・デパートが、コラード料理の「コラード・グリーンズ」を１・３キロ単位で商品化して66ドル（送料15・５ドル）で売りだしたときも、こうした食い違いが浮き彫りになった。当時食料品店では同じ料理を４５０グラム86セントほどで購入できた。このアフリカ系アメリカ人の伝統的なソウルフードが材料としているのはキャベツの仲間で、通説では奴隷によってアメリカにもたらされたとされている。だがこのときは「絶妙な量のスパイスとベーコンで味つけした」と宣伝されただけで、この料理が奴隷を起源とするアフリカ系アメリカ人のあいだで何世代にもわたって作られてきたことについての言及はなかった。ワシントン・ポスト紙のジャネール・フォックスが認めるように、貧しい料理が高級化されて、それを生みだした背景から貧困が消し去られたのである。

一方、アイルランド系アメリカ人にとって3月17日の聖パトリック祭（アイルランドの守護聖人の祝祭）にはコーンビーフとキャベツは欠かせない。実をいうと、この風習はアイルランドに住む人々には理解しにくいものだ。アイルランドではこのような料理は知られておらず、ベーコンにはキャベツを組み合わせるのが一般的だからだ。おそらくアメリカに移

コーンビーフとキャベツ。ミネソタ州ロチェスターのカナディアン・ホンカー・レストランで、聖パトリック祭に出されたもの。

民したアイルランド人がベーコンの代わりにコーンビーフを用いたのだろう。というのも19世紀のアイルランドではコーンビーフは贅沢品であり、イースターやクリスマスといった特別な日にしか出されないものだったからである。

しかしアメリカでは、毎日を祭日にしてもよいほどコーンビーフが安い。キャベツ料理はつきものの肉加工品と合体することで神聖な地位にまで格上げされたのである。アイルランド系アメリカ人にとって、キャベツと煮こむのはシチメンチョウ・ソーセージではなく、コンビーフなのだ。

◉「キャベツ・メモ」

現代に話を移すと、「キャベツ・メモ」もしくはアメリカの民族学者が名づけた「大いなるキャベツのでっちあげ」において、キャベツはその平凡さゆえに冗談のうってつけのネタとなっている。第二次世界大戦前のアメリカは、キャベツの種子の90パーセントを国外から輸入していた。何世紀も前にアレクサンドリアと朝鮮半島の住民が経験していた状況とまったく同じだ。アメリカは種子をオランダから輸入していたので、ナチスが北大西洋を封鎖すると、アメリカ西海岸、ワシントン州ピュージェット湾付近のオランダ系農民から入手せざるをえなくなった。カリフォルニアの事業家がそのキャベツの種子を1ポンド（450グラム）1・75ドルの価格で買い占めると、農民に1ポンド17ドルで売りつけはじめた。

価格管理局（OPA）は、戦時のこのような価格のつり上げを抑制する目的で設立された政府機関である。そのOPAが乗り出して、1943年8月19日にキャベツの種子の価格の上限を定める通達を出した。そうした規制をする際には用語をこまかく定義する必要があったので、通達には「『キャベツの種子』(Brassica capitata) は、キャベツの栽培に使用される種子である」という一文が入っていた。間もなく、カンザス市の商品取引所からOPAに以下のような電文が送られてきた。

「モーセの十戒」で使われているのは297語。「主の祈り」は56語。独立宣言は1821語。ゲティスバーグ演説は266語。しかるにOPAの法律家は、キャベツの種子はキャベツの栽培に使う種子だと説明するのに2611語を費やしている。

実をいうとキャベツの規制に関する文書は全体で2200語弱であり、また種子の定義だけでなく種子の上限価格の決定方法といったテーマについても述べている。カンザス市商品取引所の種子販売担当者なら大いに気になる情報だろう。だが覆水盆に返らずで、この電文は過去70年間、政府ぎらいの時事解説者によって繰り返し引用されている。たいていは、

巨大なキャベツを抱える生徒。1918年頃、ニューヨーク市クイーンズ区にあるパブリック・スクール88の戦時農園で栽培された。

「ＯＰＡの法律家」は「アメリカ政府のキャベツの販売に関する規定に2万６９１１語」を費やしている、と変えているが。

このような戦時の価格操作は１９４３年12月に終了したが、キャベツの価格規制にいたった経緯がたびたび説明されたにもかかわらず、このでっちあげはゾンビのようにしつこく復活した。つねに規制に敏感なオーリン・ハッチ上院議員も１９９５年にこのありもしない数字を連邦議会で読みあげてしまい、議事録に記録されることとなった。

この「キャベツ・メモ」がここまで人の心をとらえるのは、キャベツが安くてありふれていて、関心をもつ価値すらない野菜であると広く認識されているからにほかならない。これがダイヤモンドやシャンパン、工業用石油掘削装置だったら、それを規制する文書が２６１１語であっても誰も疑問視しないだろう。ところが、キャベツはただのキャベツなのだ——貪欲な事業家が国全体の供給を脅かしさえしなかったら。

第5章 ◉ 愛される民族料理

なんでもいいからポーランド風になさい。キャベツを入れるのです——シカゴ入植地で家政学者の著者が聞いた、とある女性から家事労働者へのアドバイス。

——フローレンス・ネスビット

どういう理由かさっぱりわからないが、ピッツバーグはキャベツに対する愛着が強い。またピッツバーグから、ロシア風のいわゆる写実主義の作家がこれ以上出ないのも理解しがたい。

——シャーウッド・アンダーソン『物語作家の物語 A Story-teller's Story』（1924年）

キャベツには、カブが逆立ちしても手に入らないカリスマ性があり、キャベツ料理に強い愛着をいだいている民族は多い。ポーランド人ならばゴウォンプキ（ロールキャベツ）を食べないでいられようか。シチー、カプシニャク、ガルビュール、ロートコール、キムチ、コルカノン、コーンビーフとキャベツ……。キャベツを主材にした料理にはつつましい家庭のイメージがある。たとえその起源がよくわからなくても、数世紀のあいだに調理法がスマートで奇抜になってきたとしても。「コーンビーフとキャベツ」が、ニューヨークのバーで生まれたのはほぼまちがいない。純然たるアイルランド料理でもなく、カナダのニューファンドランドに「ジッグズ・ディナー」という似たような料理があるとしても、コーンビーフとキャベツはアイルランド系アメリカ人にとって祖国との結びつきの象徴でありつづけている。最近のポーランド料理のゴウォンプキは材料にコメを使っているが、ポーランドでは現在にいたるまでコメが作られた実績はない。

キャベツとザウアークラウトの料理には、驚異的なスピードで新たな名前がつけられている。そうした新作料理はたいてい祝い事や婚礼で肉とともに出されるが、既成の料理を少し変えただけのものが多い。キャベツが地方料理の創造性を微妙に妨げているのではないか、料理人はただ漫然と同じ基本料理の盛りつけを変えるだけになっているのではないかと思えるほどだ。この章では、十数か国がとくに国の宝だと主張している3種類のキャベツ料理――キャベツ・スープ、ロールキャベツ、ザウアークラウトと肉の煮こみ――についておもに取り上げる。

◉キャベツ・スープ

英語の「soup」（スープ）の語源は古フランク語の「suppa」（ズッパ）にあり、さらにこの言葉もデンマーク語で「すする」「浸す」を意味する「sopen」（ソープン）に由来している。こうした浸す行為はすべてヨーロッパ中世期以降に、深皿にパンを入れてその上からスープを注いだ習慣を指している。フランスの典型的なキャベツ・スープ、ガルビュールもそうしたパンを浸すスープだ。

１９８１年のフランスのコメディ映画『キャベツ・スープ *La Soupe aux choux*』に出てきたスープもそうだった。この映画では異星人が昔のフランス人農民夫婦の出したキャベツ・スープに大喜びする。まるでオウィディウスの「転身物語」のなかでピレモンとバウキスの作った、キャベツと塩漬けの豚肉に魅入られたユピテル（ゼウス）とヘルメスのようだ。

だがフランスにはキャベツ・スープがある。１９１３年に出版された『フランスのおいしいレシピ *Les Bons plats de France*』のなかで、著者のパンピーユことマルト・アラール・ドーデは、キャベツ・スープを「フランスでもっとも重要な国民的スープ」４種のひとつとした。「国民的スープ」と認めるその条件とは、フランス全土で金持ちから貧乏人まで食べられていることだが、実はそのスープに使っている具材が、金持ちと貧乏人とではまったくちがっていたのだ。

1867年のマルスリーヌ・ミショーの料理本『農場のキッチンにて *La Cuisine de la ferme*』は、農民の料理の改善を目的にフランス農業省の承認を得て世に送りだされた。ミショーは農民の料理を見下していて、彼らは「粗野で昔風の食生活をしていて、いつも代わり映えしない。そんな暮らしを何世代にもわたって続けている。ときに料理に風味が乏しかったり、スパイスを効かせすぎたりする……食材を増やし、風味と品質のよい材料をくわえれば、現状より安上がりに仕上げられるのだが」と書いている。たしかにミショーのキャベツ・スープは、キャベツをリーキとニンニクひとかけとともに煮て、最後にバター少量をくわえるシンプルな作り方になっている。

それとは対照的に、アレクサンドル・ヴィヤールが『皇帝の料理 *Le Cuisinier imperial*』で目玉としたキャベツ・スープは、暇があり余っている家庭向きだった（ちなみにこの料理の百科事典は1805～75年までのあいだに30回以上改訂されている）。ヴィヤールの料理法ではキャベツ2玉を丸ごとゆでたあとに、驚くなかれ、干さなくてはならない。それから子牛肉やベーコンの脂、ニンジン、タマネギ、マッシュルームとともに煮こんでゆく。

アレクシス・ソイヤーの『現代の主婦あるいはメナジェール *The Modern Housewife, or Ménagère*』（1851年）は、イギリスの中産階級の主婦に向けたレシピ集だ。この本にあ

煮こむ前のフランスのキャベツ・スープ

る「フランス風キャベツ・スープ」は奇をてらわない作り方となっており、脂肪が層になっているベーコン1キロ弱を同じ重さのキャベツ、大きめのタマネギ2個、ニンジン1本、カブ1個、セロリ1株と煮て、黒砂糖少々と塩コショウで調味する。ソイヤーは、蓋つき深皿《チュリーン》に500グラム弱のスライスしたパンを入れて、そこにスープを注ぐ食べ方を勧めている。このレシピはたびたび模倣されるほど優れていた。1917年版の『アメリカの料理 *American Cookery*』は、半分量でほぼ同じレシピを掲載している。

　ガルビュール（Garbure）はフランス南西部の伝統的スープで、キャベツとベーコン、ラードもしくは——幸運にもガスコーニュ地方に住んでいるなら――塩漬けのガチョウが必ず入る。ガスコーニュのスープは17世紀に書かれた文章のなかで次のように説明されている。「このガチョウの古い塩漬けを少量キャベツにくわえると、白くてコクのあるおいしいスープができる。村人にとっても貧しい者にとっても滋養になるスープだ」

アメリカのシェフ、ジュリア・チャイルドは自分の作るガルビュールを「極上で単純な農民スープ」と呼んだが、彼女のレシピは、ジャガイモやコショウの実、パセリ、マジョラム、タイム、ニンニク、タマネギ、ニンジンを使った豪勢なものだ。ガルビュール・ジェルソワーズ（garbure gersoise）とガルビュール・ランデーズ（garbure landaise）は、フランス南西部で祝い事があったときに出されるスープで、どちらにもベーコンやハム以外に、大量のカモ肉とカモのコンフィ（脂漬け）、カモの脂が入る。

カナダの大西洋側に面したノヴァスコシア州は、アカディアとも呼ばれていた。ここに上陸したフランス人移民は、不幸にも1755年にイギリス人によって追いだされた。だがフランス人は「スーペ・ア・ラ・トゥサン」（Soup à la Toussaint）という、肉を入れずにキャベツとカブをくわえるスープをもたらした。これは昔から故国で万聖節《ばんせいせつ》に食べられてきた料理である。追放されたフランス人はアメリカ南部のルイジアナに向かうと、その代わりにフィレ・ガンボ（filé gumbo）・スープを取り入れて、オクラを楽しむためにキャベツに見切りをつけた。

●シチー

フランスからロシアに目を移そう。「シチーとカーシャ［ソバ（コムギ）粥の一種］は毎日の糧」というロシア農民のことわざがある。ロシア人の魂とも言えるキャベツのスープ、シチー（shchi）に敬意を払った表現だ。シチーがいつどこで生まれたかは定かではない。ロシアには10世紀にさかのぼるとする書物もあるが、その根拠は不確かだ。ただ、1877年にはフランスのある旅行者が、シチーとは「粗くきざんだキャベツとひきわりオオムギと塩を混ぜて、クヴァス（ライムギパンを水に浸して醱酵させたアルコール飲料）を少々くわえたもの」と説明している。

だがシチーは唯一無二でも不変でもない。食物史家のジョイス・トゥームレは、19世紀にロシア語で書かれたイエレーナ・モロハビエツの料理の古典『若い主婦への贈り物 *A Gift to Young Housewives*』に、シチーのレシピが13種類載っていると指摘している。ただしそのどれについても基本的な手順は変わらない。牛肉かマッシュルーム、あるいは魚でとったスープに、粗みじんにした野菜ととろみをつけるもの（ひきわりオオムギかコムギ粉）を入れ、食卓に出す前にサワークリーム、パセリ、ディルのようなもので風味づけをする。裕福な家な

野菜運び。1956年、スロヴェニアのグレースで撮影。

ら牛肉のスープとやわらかい新キャベツを入れるだろう。農民ならザウアークラウトとクヴァスだ。シチーをシチーたるものにしているのは酸味であり、特定の野菜や酸っぱい食材ではない。スラヴ民族以外の台所であまり人気がなかったのはそのためかもしれない。

今日のシチーは、缶詰のトマトやインゲン、ジャガイモ、マジョラムなど、さして必要でもない具材でゴテゴテと飾りたてる傾向がある。まるで最近のガルビュールだ。キャベツだけでは満足できないのだろうか？

ウクライナ人はシチーからオオムギを省き、手に入りやすいビーツをくわえてボルシチ（borscht）を作った。今ではロシア全土と東欧諸国で食べられている。その一方でウクライナ人やポーランド人などの十数か国の人々も、カプシニャク（kapuśniak）を作っている。これはザウアークラウトとポーク・ソーセージのスープで、たいていコムギ粉でとろみをつけている。ジャガイモやニンジン、トマトペーストなどを入れるが、食材の数と種類に決まりはない。

ザウアークラウトのスープにサワークリームとパプリカ、キャラウェーシード、少量のスープストックを足せば、ハンガリー料理のグイラッシュ・ア・ラ・セカリ（gulyás à la székely）、もしくはチェコ料理のセゲディンスキ・グワッシュ（segedínský guláš）、あるいはゼルナチュカ（zelňačka）・ザウアークラウトスープになる。マッシュルームは入れても入れなくてもよい。

ポルトガル人が愛してやまないカルドヴェルデ（caldo verde）・スープはポタージュで、ジャガイモとタマネギ、ブロス［肉や魚を煮だしたスープ］のほかに、アブラナ科アブラナ属のもうひとつのややこしい仲間を使う。この野菜の学名は *Brassica oleracea var. costata* だが、ほかにもコウヴィ・トロンシューダ、トロンシューダ・ケール、ハマナ、ガリシアン・キャベツ、ブラガンサなどさまざまな呼び名がある。

このトロンシェンダー・ケールはコラードとケールをかけ合わせたような外見で、幅広の葉に白くて太い葉脈が走り、やわらかくて分厚い茎はやわらかいブロッコリーもしくはパクチョイの茎を思わせる。キャベツを含むブラッシカ属の仲間より甘くてやわらかいと好評で、

マケドニア、ドイラン地方のキャベツ畑。

これが入らなければ正式なカルドヴェルデとはみなされない。

スペインのカレドガジェゴ（caldo gallego「ガリシア風スープ」の意）は、カルドヴェルデの変形だ。ポルトガル北部がしばらくガリシア王国［現在のスペイン北西部にかつて存在した国］の領土だったことを考えると、こうしたスープがあってもおかしくない。ガリシア人は野菜スープに、ガリシア人にしかわからない理由から肉と白インゲンマメをくわえ、トロンシェンダー・ケールの代わりに地元のカブの一種であるグレロを入れた。

もうひとつのスペインを代表するスープ、コシード・マドリレーニョ（Cocido madrileño）にもキャベツはつきものだが、脇役としてである。豚肉やソーセージ、ヒヨコマメが鍋を占領するので、ほかの野菜はかすみがちだ。黒キャベツのスープは、もちろん黒海近辺の料理だ。肉とタマネギを炒めたあとにトウモロコシと白インゲンマメ、トマトピューレ少々と粗みじん切りの黒キャベツをくわえると、カレドガジェゴとはまったく違うスープができあがる。

米国南部では、スープでもなく形を残した野菜料理でもなく、肉を煮詰めた汁に野菜を入れて火をとおす料理法が中心的だ。キャベツも例外ではない。西アフリカから連れてこられた奴隷の料理にさかのぼる作り方だが、西アフリカではポルトガルなどヨーロッパ諸国のレシピが先住民の料理法と融合していた。フランスとの貿易を一手に仕切っていたセネガル会社の社員、ジャン・バルボは、1680年代にギニアから次のように報告している。「裕福な〔アフリカ人は〕ブタやヤギ、雄ジカ、牛の肉をよく食べ……こうした肉からキャベツ・スープなど数種類のシチューまで作っている。白人から習った作り方を、仲間で教え合っているのだ」

キャベツ・スープは、ヨーロッパの捕虜収容所では数世紀にわたってもっとも一般的なメニューでもあった。アメリカ陸軍航空隊のポール・ガンバイアナ中尉は、1944年にスイスのヴァウヴィラーモース捕虜収容所に収容された。彼は当時をこう振り返っている。

〔同僚が〕味方の基地まで戻るのを望んでいたので、一同でスイスを出ようとしたが、捕まってぶちこまれた。そこはスイスの強制収容所だった。これだけは覚えているよ……お湯にキャベツの葉が2枚浮いているだけのスープが出てきたことだ……

◉ロールキャベツ

ロールキャベツを表す「sarma」（サルマ）は、トルコ語で「包む」を意味する「sarmak」（サルマック）に由来している。dolma（ドルマ）とは正反対の意味で、こちらのほうの動詞形は「詰めこまれる」を意味する「dolmak」（ドルマック）だ。ひと握りのコメをキャベツの葉で包んだらサルマになる。キャベツひと玉の芯をくり抜いて、しゃくし1杯のコメを詰めたらドルマができる。

キャベツの巻き物と詰め物の料理は、バルカン諸国から北極圏までの広範囲に分布している。バルカン半島と中東にはサルマがあり、北のスウェーデンにはキャベツの詰め物ドルマがある。スウェーデンのドルマがトルコ語の料理名とまったく同じなのは、おそらくスウェーデン王カール12世がトルコからもち帰ったためだろう。どういうわけか東欧諸国では、ロールキャベツに「小さなハト」を意味する名前がつけられている。ポーランドのゴウォンプキ、ウクライナのホロブツィ、リトアニアのバランデーリ、ロシアのゴルッツィは、いずれも小さな鳥を表す名前の、肉とコメを包んだロールキャベツだ。

　ここにもうひとつロシアのバリエーションがある。キャベツを巻かずに、ただ細かくきざんで肉とコメと合わせる料理法だ。レニヴィ・ゴルッツィという名で、気になる人のために意味をいうと「怠惰な小さなハト」である。ロールキャベツのアレンジ料理は際限なしだ。ロシア人はロールキャベツを甘酸っぱいソースとサワークリームとともに出し、ウクライナ人は詰め物にソバ、アワ、コーンスターチ、もしくはたまにイースト生地（ただしこの場合はふつうビーツの葉で包む）まで使う。

　材料は北から南、東から西へと進むにつれて変化する。ルーマニア人やセルビア人、クロアチア人などバルカン半島の住人は、ザウアークラウトの葉で肉だねを包む。中東にはたねに肉がまったく入らないサルマもある。ユダヤ教徒はシムハット・トーラ（律法の感謝祭）にロールキャベツを食べるが、同じユダヤ人でも「ハンガリーではたいてい少量のマジョラムを使用し、シリアではシナモン、イランではディルとミントを入れ、ルーマニアでは大量のニンニクとパプリカを投入する」とユダヤ人向けの報道機関、ジューイッシュ・テレグラフ・エージェンシーは報じている。スープのベースはトマトソースやブロスなど、家に普段からストックしているものでかまわない。キャベツの葉でパン生地を包んでから鍋に入れる伝統料理もある。フランスのガスコーニュなどでは、それにブラゼール（brazaire）という

スーパーマーケットのキャベツ

キビのパンを使っている。

キャベツの詰め物、つまりキャベツの玉の中をくり抜いてほかの具材を詰めた料理にも、ヨーロッパ中でお目にかかれる。詰め物はふつうはひき肉にパン粉かコメのいずれかと、卵、きざんだキャベツの葉少々、タマネギの仲間（タマネギ、ニンニク、リーキ）少量を混ぜて、塩コショウと地元でよく使われる調味料で味つけする。エッセイ「キャベツの詰め物の自叙伝 *Autobiography in a Stuffed Cabbage*」の筆者、アレン・S・ワイスもこう述べている。

この混ぜ物は「フランスの」ルエルグではほぼどこでも同じで、国の違いを示す重要な指標になっている。フランスではふつうは詰め物に湿らせたパンを入れるが、東欧ではハンガリーのほとんどの例でそうであるように、コメを使うことが多い。ちなみにハンガリーでキャベツの詰め物は「国民的料理」として親しまれている。

だが、一部だけをくり抜いたキャベツの玉を、料理が終わるまでそのままの形で扱うのは大変なので、ワイスも述べているように、大半の国ではその代わりにロールキャベツが作られている――詰め物をキャベツの葉1枚で包むことにしたのだ。ヨーロッパのキャベツの詰め物料理は、たいてい酸っぱくて塩気がある。たとえばハンガリー人は、キャベツの詰め物をキャベツとザウアークラウト、トマトのソースでコトコト煮て、サワークリームをトッピングする。だがワルシャワ付近のポーランド人住民は、ともすると砂糖からカラメルを作り、それで煮たレーズンを詰め物にくわえたりする。また東欧のユダヤ人も、キャベツの詰め物とロールキャベツのソースに、レーズンとハチミツ、ショウガ入りのクッキーを入れることが多い。

●ザウアークラウトと肉の料理

　ソーセージとザウアークラウトをよく食べる地域なら、そのふたつを煮こんで料理するのは至極理にかなっている。バルカン諸国のポドヴァラク（podvarak）は、ポーランドのビゴスとほぼ同じ料理だ。タマネギとザウアークラウトを炒めたあと、肉をその上に置いて弱火で煮るか、低温のオーブンで蒸し焼きにするか、スロークッカーでやわらかくなるまで煮こむ。ザウアークラウトの代わりにキャベツを入れてとろ火で煮こめば、セルビアの「結婚式《ウエディング》のキャベツ」ができる。ポドヴァラクには、大きな肉の塊を残してオーブンでこんがり焼くバリエーションもある。かと思えば、ビゴスのように肉を細かくきざむものもある。

　スパイスもいろいろだ。バルカン料理ではニンニクとトウガラシを使う。ポーランドではマジョラムやキャラウェーシードのようなそれほど辛くない北欧のスパイスにくわえて、ハ

ポーランドのビゴス（ザウアークラウトのシチュー）

チミツ、プルーンなどで甘味をつける。また全部細かくきざむので、ビゴスはライムギトーストのスプレッドにもなり、メインディッシュではなく前菜としてよく出される。フランスのアルザス風シュークルート（ザウアークラウト）を作るフランス人シェフにもお馴染みの料理だ。フランスではソーセージをザウアークラウトとワインで煮こむことが多い。

16世紀のミスクダンツィア（mizkudancja）は肉とザウアークラウトとタマネギを何層にも重ねた料理であり、この名称はイタリア語で「混ぜ物」を表すメスコランサ（mescolanza）に由来している。ビゴスの起源はこの料理にあるのではないかと思われる。ペンシルヴェニア州に移民したドイツ人のあいだでは、似たような肉と千切りのキャベツが層になっている料理が伝えられており、グンビス（gumbis）、またはクナブルス（knabrus）と呼ばれている。

面白いことに、ビゴスはもともとキャベツの入っていない料理だった。その点はイギリスの「バブル＆スクイーク」と似ている。17世紀、肉、魚、去勢した雄鶏、ジビエ肉、ライチョウ、ザリガニ、骨髄といった食材を焼いてみじん切りにしさえすればビゴスになり、野菜は使用していなかった。ところがこうした塩味を効かせた軽食はみな、レモンやライム、ワインヴィネガー、スイバで酸味をきかせていた。そういった食材はふつうのポーランド人にとって少し贅沢すぎたが、肉を少し減らしてそのぶんキャベツで補えば全体の材料費は下げることができた。この「ビゴスもどき」が登場したのは18世紀で、最初は肉だけの味を楽しめないと不評だったようだが、やがて実用的であると認められるようになり、19世紀にはこの作り方がビゴスの基本となった。

●ダンプリング

小麦粉の生地を丸く延ばし、具を載せて半分に折りたたみ、縁にひだを寄せるダンプリング。モンゴル帝国の移動とともに広がり、南は中国、西は中東、ロシア、ポーランド、ウクライナまで伝わった。この応用力のある料理の入れ物はさまざまな具と組み合わされてきたが、高緯度地方ほどキャベツを包む傾向が強い。中国東北部の餃子の具の場合、豚肉とネギ、醤油とともに白菜は典型的な材料だ。西に行くと、餃子はウクライナではヴァレーニキ（varynyky）、ポーランドではピエロギ（pierogi）へと変わり、たいてい肉にくわえてキャベツかザウアークラウトのどちらかを具材にする。これもまたモンゴル人によって西洋にもたらされた食べ物と考えられている。

◉バブル＆スクイーク、紫キャベツ、コールスロー

もしあなたがキャベツとジャガイモ以外の野菜は食べないというのなら、このふたつを合わせない手はない。北欧のすべての国は、キャベツとマッシュポテトの組み合わせ方に何百年も知恵をしぼってきたと言ってよいだろう。ジャガイモ――マッシュされていてもされていなくてもよい――を、アメリカのハッシュ（hash）のようにざく切りのキャベツとともに炒めると、イギリスのバブル＆スクイーズ、カタロニアのトリンチャット（trinxat）になる。マッシュポテトに千切りのキャベツを混ぜてオーブンで焼けば、スコットランドのランブルディサンプス（rumbledethumps）ができる。あるいはキャベツとジャガイモを別々にゆでたあとに合わせてつぶせば、アイルランドのコルカノン（cál ceannann）やオランダのスタンポット（stamppot）、フランドルのストゥンプ（stoemp）になる。

ところが、もともとバブル&スクイークでキャベツと炒めていたのは牛肉であり、ジャガイモではなかった。この料理の「レシピ」を最初に記録しているのは、『助産婦もしくは老婦人の雑誌 *The Midwife, or Old Woman's Magazine*』（１７５３年）という風刺本で、面白おかしい記述になっている。この料理で必要なのは牛肉「でなければなんでもよい他の肉」と「人々の話題を独占するようなガス〔おなら〕を腹にたまらせる」キャベツだ。調理方法は「炭火にかけて半時間と3分と2秒のあいだ材料をブクブク（bubble）キューキュー（squeak）いわせる」と説明されている。

イギリスで出版された『家庭料理の新手法 *A New System of Domestic Cookery*』（１８０８年版）で著者のマリア・ランデルは、生の牛肉で作るバブル&スクイークを紹介しているが、ランデル以外の著者はたいてい「夕食の残りのゆでた塩漬け牛肉」を用いるとしている。イギリスの古物商フランシス・グロースは『俗語古語辞典 *A Dictionary of the Vulgar Tongue*』（１７８８年版）で、バブル&スクイークを「牛肉とキャベツを炒めたもの。この名前は、火にかけたとき泡が出てキューキュー音が鳴ることに由来する」と解説している。また別の資料では、「スクイーク」とは鋳鉄製のフライパンの中で金属製スクレーパー（へら）で材料をつついたりかき寄せたりするときの音だとしている。

ジャガイモがいつの間にか浸透していたのを反映して、１８８８年にはバブル&スクイークを「ジャガイモと葉菜を肉と炒めたもの」と説明するロンドンの俗語辞典も出てきた。肉が完全に断念されたのは世界大恐慌の時期、あるいは第二次世界大戦の配給中、などと諸説あるが、ともかくどこかの時点で、ジャガイモが肉にとって代わり永遠の王座を獲得したようだ。

「コールスロー」という名前はオランダ語の「コウルスラ」(koolsla)を語源とする言葉で、18世紀末の米国で使われはじめた。ニューヨークの地名、フレッシュ・キルズと同じく、オランダ語が英語に取り入れられためずらしい例である。まだこの料理が目新しかった1794年には「コールド・スロー」(cold slaw)と呼ばれていたが、1842年になると「コールスロー」(cole-slaw)に変形している。粗めのみじん切りにしたキャベツにサラダ・ドレッシングかマヨネーズを混ぜて作られていた。

ドイツ人、チェコ人、北欧人は秋になると、ロートコール(紫キャベツ)を肉と炒めてから蒸し煮にして、スパイスの利いた甘酸っぱい料理を作る(リンゴ、酢、赤ワイン、クローヴ、ジュニパーベリーのほかに、砂糖、アカフサスグリのジャムといった甘味も入れる)。アイスランド人の料理は、20世紀に入る前まではニシンの酢漬けやヒツジの頭の塩水漬けなど、非常時を意識した保存食に傾いていたが、旧宗主国オランダのレーテコール(rötekohl独語で「赤キャベツ」の意)も食生活に取り入れていた。この甘く炒め蒸しした赤キャベツは日曜にラム脚のローストとともに出された。また、カラメルソースをからめたジャガイモとブラウンソースも添えられた。第二次世界大戦終結を子供の頃に迎えた世代のアイスランド人は、砂糖が贅沢品だった時代を覚えているだけに、キャベツとジャガイモの料理に驚くほどの量の砂糖を使うという。

北欧のキャベツ好きはまた、「グリュンコールエッセン」と「コールファート」という冬の風習を大切にしている。グリュンコールエッセンとはケールなどを食べるイベントで、コールファートとは——直訳すれば「キャベツ歩き」——ケールを食べに連れ立って居酒屋までわいわい歩くこと。じつはどちらも真冬に飲んだくれるための口実で、近所のパブでケールとソーセージ、ジャガイモのごちそうを食べつつ酒を鯨飲《げいいん》する。田舎でのコールファートでは、道々景気をつけるためにアルコールを積んだ手押し車を引っ張っていくが、グリュンコールエッセンならバスも利用できる。

ニュージーランドでは、マオリ族の伝統料理ハンギで肉などの食材を包むのにキャベツを用いる。焼いた石を穴に入れ、その上にさまざまな食べ物を載せて蒸し焼きにするこの料理は、アメリカ東海岸、ニューイングランドの海岸の貝焼きパーティと似ている。臨機応変の才があるニュージーランド人は、スロークッカー［低温でじっくり煮込む電気調理鍋］でハンギの手間を省略してもいるが、それでもいまだにキャベツで肉を包んでいる。地味なパーティになるが、支度は楽だ。

●キムチ

朝鮮人は白菜のキムチをほぼすべての料理に入れる。肉、魚、豆腐、野菜のシチューやスープを作るのにも、オムレツやホットケーキにも、麵、コメの料理にも、はてはサンドイッチにも。西洋のニンニクと同様、キムチはチョコレート・ケーキとアイスクリーム以外なら、ほとんどなんにでも使われる。

中国のどこの地方でも、代表的な白菜料理をひとつだけあげるのは難しい。それはひとえに中華料理における白菜の役割が、豚肉や水に等しいからだ。どの料理にも使われているわけではないが、白菜なしで済ませるのは難しい。それでいて白菜の名物料理やとくに好まれている料理があるわけでもない。

キャベツはまた、これまで挙げた地域以外でももちろん食べられている。中南米、アフリカ、南アジア……。だが北半球を離れると、料理の主役になっている例はひとつとしてない。たいていは、シチューやスープの、ピラフの、あるいは焼き菓子《ペストリー》の一具材でしかない。エルサルバドルのクルティド(currido)は、太目の千切りキャベツを短時間酢漬けにしたものだ。このサラダの一種はププサ(pupusa)という軽食につけ合わせるのが一般的だ。ププサはトウモロコシ粉の生地で肉またはインゲンマメを包んで平らにしたもの。だがクルティドは、絶対に必要なものではない。故郷から遠く離れた青年が母親手作りのクルティドを思いだす、というような料理とは言えないようだ。

第6章◉キャベツと白菜の未来

現在、NASAは国際宇宙ステーションで白菜を栽培する方法を研究中だ。計画立案者は先見の明がある。白菜の消費量は1961年以来、中国で増えつづけている。開発途上国のひとりあたりの年間野菜消費量は、1961年の50キロから2003年の118キロへと倍加しており、先進国の野菜消費量を上まわっている。そのほとんどが中国での増加だ。しかも、アブラナ科アブラナ属のキャベツやカラシナなどの仲間の消費がとくに拡大している。

だが中国以外の場所では、キャベツは試練を受けている。特有のにおいの原因となる硫黄を含むやっかいな食べ物の例にもれず、キャベツはファストフード産業からそっぽを向かれ、西洋人消費者からますます顧みられなくなっている。

◉減る消費量

米国のキャベツのひとり当たりの年間消費量は１９２０年には10キロだったが、２００２年には３・７キロへと落ちこんでおり、ザウアークラウトも１９７０年以来、ひとり当たり１キロから０・３キロに減少している。キャベツが完全に姿を消していないのは、赤キャベツをカットずみのサラダミックスに入れると彩《いろど》りがよくなるからだ。また、これもカットずみのコールスローと野菜炒めのセットが、料理の時短になると好評だからでもある。アメリカでは、流通するすべてのキャベツの45パーセントがコールスローに加工される。35パーセントが青果のキャベツとして売られ、12パーセントがザウアークラウトになる。残りの８パーセントは「カット野菜」だ。

20世紀のアメリカでキャベツが復活して注目を集めたのは、「キャベツ人形」人気のときだけだった。このへちゃむくれのぬいぐるみ人形のシリーズは、野菜農場から養子にもらわれてきたという設定になっていた。１９８０年代半ばにすさまじいブームを引き起こして、クリスマスの買い物客がこの人形ほしさに殴り合いをする事態にまでなった。１９８４年11月、ニュージャージー州のある玩具店のキャベツ人形の順番待ちリストに記入された名前は１万人に達したという。熱狂的流行のピークは１９８５年だったが、シリーズ全体で６

億ドルを売りあげて、現在も製造が継続されている。メーカーによれば、キャベツの葉っぱの子宮から1億1500万個を超えるぬいぐるみが誕生したという。

ドイツ人がザウアークラウトを食べる量も減りつつある。キャベツの85パーセントをザウアークラウトにしている国にとっては不吉なことに、1990年代の10年間でドイツのザウアークラウトのひとり当たりの年間消費量は1・7キロから1・2キロにまで落ちた。朝鮮半島に住む人々でさえキムチを遠ざけつつある。韓国では1998年から2012年にかけて、1日平均のキムチ消費量はおよそ20パーセント減少している。ひとり当たり年間量に換算すると50キロから41キロに減ったことになる（それにしてもすごい量には違いないが）。

こういった例は枚挙に暇がない。ポーランドのある調査では、過去10年間で都市住人がキャベツを食べる量は地方とくらべると大幅に減り、一方トマトがいちじるしく増えていることがわかった。しかもこの現象は都市の規模が大きくなるほど顕著だという。ポルトガルではアブラナ科アブラナ属全種類のひとり当たりの年間消費量が、1970年代には60キロだったのが、2008年にはその3分の1以下に落ちこんだ。カルドヴェルデを見捨ててフライドポテトのようなあっさりした食べ物に乗り換えたのだろう。フランスでは、1890年代からブルターニュのロリアンで栽培されていた甘いチリメンキャベツが姿を消しつつある。スローフード・ファウンデーションはこの減少はケールが現れたためだとしている。ケールのほうが「面白い形をしていて、人気がある」からだ。

問題は都市化だけではない。温暖化もキャベツにとっては大きな脅威だ。気温が30℃を超えると、特別に改良された品種でないかぎり、キャベツの収穫量は減少する。35℃以上になればすべてのキャベツの変種は――それがどれほど暑さに強い品種でも――種から育てた苗は枯れてしまう。また、そんな気温では収穫後のキャベツもしおれてしまうだろう。

2012年に中国の山東省《さんとうしょう》でショッキングな事実が明らかになった。西洋では死体に処置する薬品としてよく知られるホルムアルデヒドを、複数の販売業者が白菜に噴射していたのである。この発がん性のある防腐剤は、白菜がしおれるのを防ぐために使用されたという。山東省は中国では白菜の名産地であり、とりわけ膠州《こうしゅう》市の「大白菜」がブランド化していただけに、このことは実に残念だった。

キャベツは虫の大好物でもある。現代の遺伝学者はケムシの駆除の研究でこれまでにない独創性を発揮して物議を醸し、ネット上を騒がせつづけている。1994年にはオックスフォードシャーの科学者グループが、イラクサギンウワバという蛾の幼虫を駆除するために、キャベツに感染させるウィルスをキャベツ畑に噴霧した。このウィルスが遺伝子組み換えを起こしてキャベツの細胞内で複製するのは、アルジェリアのサソリがもつ猛毒である。衝撃

イラクサギンウワバ。物議を醸した生物殺虫剤の研究で駆除の対象にされた。

的な「サソリの毒を分泌するキャベツ」は無数のウェブサイトで取りあげられたが、バイオ農薬としては生産されていないようだ。アメリカの研究チームも同時期に小さなダニの毒の遺伝子を組みこむ実験をしているが、こちらは世間からあまり注目されていない。

◉希望

キャベツ類の消費は減っており、農家は栽培する意欲をもちにくくなってきている。だが希望はある――地球以外の場所である。NASAは国際宇宙ステーションで試験的にLEDライトで野菜を栽培している。レタス、フダンソウ、ラディッシュ、エンドウマメ、白菜などを、長期の宇宙滞在中に収穫する狙いだ。宇宙飛行士は他の極限状態での栽培を参考にできるだろう。南極基地では、科学者が何年もキャベツの近縁種であるパクチョイを育てている。

白菜の一種で、半結球山東菜のトウキョウベカナ（学名 *Brassica rapa chinensis*）。国際宇宙ステーションの中で収穫を待っている。

キャベツはこれまで少なくとも2度、宇宙旅行で重要な役割を果たした。1961年3月25日にソヴィエト連邦の宇宙計画で打ち上げられた宇宙船には、イヴァン・イヴァノヴィッチというあだ名をつけられたマネキンが乗っていた。人形はその1か月後に宇宙飛行士のユーリ・ガガーリンが着る予定になっているのと同じ型の宇宙服を身に着けて射出シートに座り、パラシュートのハーネスを装着していた。無線システムのテストのために、マネキンからの通信として再生しつづけられた音声テープは、合唱団の歌声とロシアのスープであるシチーとボルシチの作り方を録音したものだった。盗聴しているであろう西側に、極秘のスパイ任務のための打ち上げではないことをアピールするためである。

２００８年、韓国初の宇宙飛行士の李素妍《イソヨン》は特別な宇宙キムチを携えて国際宇宙ステーションに到着した。この滅菌した宇宙食の開発には5年以上の歳月がかかっている。キムチに昔ながらの醱酵菌が大量についていると、想定外の微生物によって宇宙ステーションが汚染されたり設備が損傷を受けたりする危険性がある。「保存バッグのなかでキムチが異常発酵して爆発し、精密機器がキムチだらけになることも考えられます」と言う韓国原子力エネルギー研究所（ＫＡＥＲＩ）の李周運《イジウン》は、宇宙空間で異常発酵しないキムチを開発するために、母親のキムチからサンプルを採取したという。閉鎖空間でキムチを食べることについての懸念もあった。「においを3分の1、もしくは2分の1に抑えることに成功したので、他の宇宙飛行士も宇宙キムチを抵抗なく食べてみたいと思うでしょう」と韓国食品開発研究院（Korea Food Research Institute）の金成洙《キムソンス》博士はいう。

ひょっとすると宇宙船の菜園で収穫し醱酵させた宇宙ザウアークラウトで栄養を摂りながら、宇宙飛行士が星から星へとキャベツの種を植えてまわる日も来るかもしれない。

謝辞

マリー・イエリザロワにはご厚意で、おばあさま秘蔵のホロブツィのレシピを伝授していただいた。ミネソタ大学食物栄養科学科のゲーリー・ライネクシウスには、キャベツの悪臭への伝統的な対処法についてご教示いただいた。また夫のスコットは、つねに執筆活動の大きな支えとなっただけでなく、家のなかでキャベツの悪臭実験をしても目をつぶってくれた。

以上のみなさんに心よりの感謝を申し上げたい。

訳者あとがき

本書『キャベツと白菜の歴史 *Cabbage: A Global History*』は、イギリスの Reaktion Books が刊行している The Edible Series の一冊で、同シリーズは料理とワインにかんする良書を選定するアンドレ・シモン賞の特別賞を２０１０年に受賞しています。

キャベツは使用頻度の高い身近な野菜です。とはいえ本文中で紹介されている「キャベツ・メモ」のジョークではありませんが、キャベツの属するアブラナ科がさかんに自然交雑して変幻自在に形を変えるために、キャベツの定義は容易ではありません。逆にその変化の道筋をたどっていくことで、本書の著者はキャベツの多様性とそれにかかわってきた人間の歴史を明らかにしているといえるでしょう。メキャベツ、サボイキャベツ、ブロッコリー、カリフラワー、チンゲンサイ、パクチョイ、白菜、コマツナ、ノザワナ、カラシナ、カブ……。信じられないことに、これが全部キャベツと同じ先祖をもつ、アブラナ科アブラナ属の野菜なのです。

実をいうと、西洋キャベツと同様に白菜の定義も複雑です。まずは中国で漢字の「白菜」はパクチョイと読み、お馴染みの結球白菜だけでなく軸の白いチンゲンサイの仲間も表します。結球白菜はパクチョイとカブの交雑種ですが、結球性が強くなったのは17世紀以降です。現代の中国語辞典では結球白菜を「大白菜」、パクチョイを含む半結球・非結球白菜を「小白菜」と分類しています。ただし地方によってこの分類も一様ではないようです。

次に朝鮮半島の白菜です。キムチに結球白菜が使われはじめた時期について本書の著者は諸説あると述べていますが、韓国農水産食品流通公社は、１８２２年の壬午軍乱《じんごぐんらん》で朝鮮半島に移住した清国の兵が、結球白菜の種子をもたらしたとしています。とはいえ、その後もしばらく一般的にキムチに漬けられていたのは、非結球種かカブの葉だったのでしょう。朝鮮全土に結球種の栽培が広がったのは、１９３０年代に入ってからでした。

日本に結球白菜が伝来したのは19世紀になります。日露戦争の帰還兵がもち帰った種子が仙台で育てられ、関東大震災をきっかけに東京市場に送りだされて、漬物として定着したようです。本書にもあるように、アブラナ科の野菜は、地元の他のアブラナ科の野菜と自然交雑して先祖返りしてしまうので、松島の馬放島《まはなしじま》で隔離栽培が行なわれました。

一方、貧者の野菜とさげすまれた歴史もあるキャベツですが、天候不順で高値になると、トンカツのつけ合わせの千切りの盛りも寂しくなり、優れたビタミンA・C源であることや、何の料理にも使える万能ぶりを改めて思い知らされたりします。それだけではありません。その人がキャベツの苦みを感じてしまう遺伝子をもたないかぎり、キャベツはおいしい野菜です。訳者も巻末レシピ集にある「フランス風キャベツ・スープ」と「ビゴス」を少ない量で試してみましたが、さすが伝統の味、家族に好評でした。

今さらですがキャベツと白菜の栄養を比較すると、キャベツのほうがややビタミンC、マグネシウムの含有量に勝るようです。大きな違いは、キャベツは年中出まわっていますが、白菜の旬は冬であることでしょうか。２０１７年の日本の総卸売り数量はキャベツが98万トン弱、白菜が59万トンでした（平成29年青果物卸売市場調査報告・産地別）。

最後になりますが、本書の訳出にあたり、原書房編集部の中村剛氏には読者の視点に立った的確なアドバイスをいただいています。オフィススズキの鈴木由紀子氏には、悩み多き訳者の羅針盤としてサポートしていただきました。心より感謝申し上げます。この本の出版が、多くの方々の力で実現していることを改めて感じています。

２０１９年3月

甘い春キャベツが出るのを楽しみにしつつ　角　敦子

p. 38下; Dirk Ingo Franke, the copyright holder of the image on p. 85; Frank Vincentz, the copyright holder of the image on p. 73; Jonathunder, the copyright holder of the image on p. 123 and Joriola, the copyright holder of the image on p. 94下, have published them online under conditions imposed by a Creative Commons Attribution-Share Alike 3.0 Generic License; Varaine, the copyright holder of the image on p. 132 has published it online under conditions imposed by a Creative Commons Attribution-Share Alike 4.0 Generic License.

写真ならびに図版への謝辞

著者と出版社は、図版を提供し本書への掲載を許可してくださった関係者に感謝の意を表します（図版のキャプションに記載されていない情報も含む）。

W. Atlee Burpee Company/Henry G. Gilbert Nursery and Seed Trade Catalog Collection, *Burpee's Farm Annual* (1882): p. 43; from Ibn Butlan, *Tacuinum sanitatis*: p. 26; from Lewis Carroll, *Through the Looking Glass and What Alice Found There* (London, 1897): p. 79; collection of the author: p. 55; from *The Farmers Magazine*, vol. V (1836): p. 71; Gemäldegalerie, Berlin: p. 114; from John Gerard, *The Herball, or, Generall historie of plantes, 1636* (London, 1597): p. 33; Hallwyl Museum: p. 27; Kendra Helmer/USAID: p. 117; Joseph Dalton Hooker, *Botany of the Antarctic Voyage* . . . (London, 1844): p. 37; iStock images/PeteKaras: p. 6; from Paul Kauffmann, *Fabrication de Choucroute* (Paris, 1902): p. 86; from Hermann Adolf Köhler, *Medizinal-Pflanzen in naturgetreuen Abbildungen und kurz erläutern- dem Texte* (Berlin, 1887): p. 10 (top and bottom); *Kunsthistorisches* Museum: p. 45上; from Herrad of Landsberg, Hortus Deliciarium (Strasberg, *c.* 1180): p. 77; Metropolitan Museum of Art: p. 115; Meg Muckenhoupt: pp. 18, 30, 31, 104, 141; NASA: p. 157; from John Nunn, *Narrative of the Wreck of the 'Favourite' on the Island of Desolation: detailing the adventures, sufferings and privations of J. Nunn, a historical account of the Island, and its whale and seal fisheries* (London, 1850): p. 38; podstresje/Večer: p. 135; private collection: pp. 45下, 60, 64, 108, 109; Scottish National Gallery: p. 118; U.S. National Archives and Records Administration: pp. 91, 126.

Beng Han Ho, the copyright holder of the image on p. 94上; John Tann, the copyright holder of the image on p. 156; Joseph Steinberg, the copyright holder of the image on p. 100; Katja Schulz, the copy- right holder of the image on p. 35; Ksenija Putilin, the copyright holder of the image on p. 137; Mario Carvajal, the copyright holder of the image on p. 144; Republic of Korea, the copyright holder of the image on p. 100下 and USAG Humphreys, the copyright holder of the image on p. 100上 have published them online under conditions imposed by a Creative Commons Attribution-Share Alike 2.0 Generic License; A. Doubt, the copyright holder of the image on p. 88; Bdubay, the copyright holder of the image on p. 89; B.navez, the copyright holder of the image on

参考文献

Albala, Ken, *Eating Right in the Renaissance* (Berkeley, CA, 2002)

Bloch-Dano, Evelyne, *Vegetables: A Biography* (Chicago, IL, 2012)

Davidson, Alan, ed., *The Oxford Companion to Food*, 3rd edn (Oxford, 2014)

Doyle, M. P., and R. L. Buchanan, eds, *Food Microbiology: Fundamentals and Frontiers*, 4th edn (Washington, DC, 2013)

Field, R. C., 'Cruciferous and Green Leafy Vegetables', in *The Cambridge World History of Food*, vol. I, ed. K. F. Kiple (Cambridge, 2000), pp. 288–97 [『ケンブリッジ世界の食物史大百科事典 (1)』(石毛直道監訳/朝倉書店/ 2005年)]

Huang, H. T., 'Part V: Fermentations and Food Science', in *Science and Civilization in China*, vol. VI: *Biology and Biological Technology* (Cambridge, 2000), pp. 451–2

Kim, Kwangok, et al., *Kimchiology Series No. 1: Humanistic Understanding of Kimchi and Kimjang Culture* (Gwangchu City, 2014)

Macleod, A. J., and G. MacLeod, 'Effects of Variations in Cooking Times on Flavor Volatiles of Cabbage', *Journal of Food Science*, XXXV (1970), pp. 744–50

Maggioni, M., et al., 'Origin and Domestication of Cole Crops (*Brassica oleracea L.*): Linguistic and Literary Considerations', *Economic Botany*, LXIV (2010), pp. 109–23

Prakash, S., X. M. Wu and S. R. Bhat, 'History, Evolution, and Domestication of Brassica Crops', *Plant Breeding Reviews*, XXXV (2011)

Rupp, Rebecca, *How Carrots Won the Trojan War: Curious (but True) Stories of Common Vegetables* (North Adams, MA, 2011) [『ニンジンでトロイア戦争に勝つ方法 上下: 世界を変えた20の野菜の歴史』(緒川久美子訳/原書房/ 2015年)]

Saberi, Helen, *Cured, Smoked, and Fermented: Proceedings of the Oxford Symposium on Food and Cooking* (Oxford, 2011)

Theophrastus; Sir Arthur Hort, *Enquiry into Plants and Minor Works on Odours and Weather Signs, with an English Translation by Sir Arthur Hort*, vol. I (London, 1916)

Toomre, J., 'A Short History of Shchii', *Food in Motion: The Migration of Foodstuffs and Cookery Techniques: Proceedings: Oxford Symposium*, vol. II, ed. Alan Davidson (Oxford, 1983)

Watts, D. C., *Dictionary of Plant Lore* (London, 2007)
Zeven, A. C., 'Sixteenth to Eighteenth Century Depictions of Cole Crops (*Brassica oleracea L.*), Turnips (*B. rapa L.*) and Radish (*Raphanus sativus L.*) from Flanders and the Present-day Netherlands', *Acta Hort*, 407 (1996), pp. 29–33

料理の本

Lauryn Chun with Olga Massov, *The Kimchi Cookbook: 60 Traditional and Modern Ways to Make and Eat Kimchi* (Berkeley, CA, 2012)　四季を通じた伝統的・近代的なキムチの作り方を，理論と実用の両面から詳細かつわかりやすく紹介している。伝統料理のキムチ鍋（チゲ）から，斬新なキムチとグレープフルーツのマルガリータ・カクテルまで，バラエティ豊かなレシピを収録。

Bridget Jones, *Recipes from a Polish Kitchen* (Secaucus, NJ, 1990)　キャベツだけのために書かれた本ではないが，東ヨーロッパの伝統的キャベツ料理14種類——ロールキャベツ（ゴウォンプキ），ザウアークラウトのスープ（カプシニャク），ビゴス・シチューなど——を紹介している。現在は残念ながら絶版になっている。手に入らないときは最近の秀逸な類書，Anne Applebaum and Danielle Crittenden, *From a Polish Country House Kitchen: 90 Recipes for the Ultimate Comfort Food* (San Francisco, CA, 2012)をお勧めする。

Sandor Ellix Katz, *Wild Fermentation: The Flavor, Nutrition, and Craft of Live-culture Foods* (White River Junction, VT, 2003)［サンダー・エリックス・キャッツ『天然発酵の世界』（きはらちあき訳／築地書館／2015年）］　現代の古典ともいえる本で，スタンダードなザウアークラウトのほかに，ワインや海藻，キャラウエーシードをくわえた減塩ザウアークラウトの作り方を詳しく説明している。

Kim Man-Jo, Lee Kyou-Take, Lee O-Young, *The Kimchee Cookbook: Fiery Flavors and Cultural History of Korea's National Dish* (North Clarendon, VT, 1999)　図版が美しく，キムチの歴史についての興味深い情報がある。ただしキムチのレシピはいきなり長期の低温醗酵から始まっており，最初に必要な約20℃の醗酵工程は省かれている。すでにキムチ作りを熟知している読者は，多くの伝統的なレシピに興味をそそられるだろう。初心者は，前掲した Chun の *The Kimchi Cookbook* に忠実な作り方をするとよい。

Laura B. Russell, *Brassicas: Cooking with the World's Healthiest Vegetables: Kale, Cauliflower, Broccoli, Brussels Sprouts and More* (Berkeley, CA, 2012)　さまざまな種類のアブラナ科アブラナ属のスタイリッシュなレシピ集。キヌアやアヴォカド，フェンネルなど，最近注目されている食材との組み合わせや，レッドカレーといっ

た料理での使用を提案している。ロールキャベツや「ベーコンとキャベツのスープ」といった定番料理のレシピはないが，アブラナ属の料理で臭いを抑えるコツも紹介している。

レシピ集

◉キャベツのやわらか煮（Olus molle オルスモレ）

アピキウス「料理書 第3巻〈庭師〉*De re coquinaria iii 'Cepuros'*」（紀元前500年頃）より。

1. キャベツを香味野菜とともに炭酸水でゆでる。
2. ゆであがったら水気を絞り，みじん切りにする。
3. そこにコショウ，ラヴィッジの種，乾燥サトゥリュを砕いて乾燥タマネギとともに入れ，（肉・野菜等を煮だした）スープストック，オイル，ワインをくわえる。

［サトゥリュ（Satury）はドライハーブの一種。アピキウスの「料理書 第7巻」では，オレガノでも代用可能としている］

◉ウスベニアオイ，パクチョイ（チンゲンサイ），セイヨウアブラナ，カラシナの塩漬け

「斉民要術」（533～544年頃）（石声漢校注）より。

1. 質のよい葉を選び，ガマ［アシ］の茎で束ねる。
2. かなり塩辛い濃い塩水を作る。
3. 野菜を塩水で洗い，漬け壺に入れる。先に真水で洗うと漬物はすぐに腐ってしまう。洗っている塩水が濁らなくなったら壺にその塩水を，野菜が完全にかぶるまで注ぐ。その後は野菜をさわらないこと。この時点で野菜はまだ緑色をしている。
4. 料理で使うときは水で塩気を洗い流す。生野菜と変わらずおいしく食べられる。

◉ゆで野菜の塩漬け

この作り方は白菜とカブの葉に適している。質のよい野菜を選ぶ。

1. 野菜を沸騰したお湯でゆがく。その前に野菜がしなびかけていたら，水洗いをしたあと水を切り，ひと晩置いてシャキっとさせる。
2. ゆでたら，冷水にさっと浸す。
3. 塩と酢を混ぜ，ゴマ油で香りをつける。するとよい香りとシャキシャキした歯ごたえを楽しめる。大量に漬けておけば，春まで傷めずに保存しておける。

◉キャベツ・スープ

ムーア系スペイン料理の「料理の書」(1150～1200年頃)(『とあるアンダルシア人の料理本 *The Anonymous Andalusian Cookbook*』カンディダ・マルティネリ,チャールズ・ペリー訳)より。

1. 肉を切りきざんでたたく。熟成して手に入るなかで最高のチーズを細かくきざんだら,そこにシラーントロウ(コリアンダー)とともにつぶしたタマネギをくわえる。
2. やわらかいキャベツの葉を選んでゆでる。
3. すべての材料を木のすり鉢に入れてつぶしてから,鍋に移す。1度か2度沸騰させる。
4. 香辛料のムリと酢,コショウ,キャラウエーを少々くわえ,鍋に入っている具材を練った生地で覆って,溶き卵を塗る。

◉キャベツの風味づけ

「定番料理の書 *Kitāb Wasf Al-at'ima al-Mu'tada*」(1236年頃)(『バグダードの料理本 *A Baghdad Cookery Book*』チャールズ・ペリー訳)より。

1. クルミの実とゆでたアーモンド,こんがり焼いたヘーゼルナッツを用意したら,全部の材料をつぶす。
2. キャラウエーをキツネ色に焼いて粉々につぶし,さらにタイム少々とニンニクをくわえてよくつぶす。一部を取り分けておく。
3. キャベツを良質のオイルで香りづけする。
4. 酢少々を1のクルミなどの材料と合わせたら,たっぷりのタヒーニ(芝麻醤)に混ぜて,シリア製チーズも少しくわえる。
5. さらに2のスパイスを入れて調味し,キャベツとともに深皿に移す。そこに取り分けておいた2のスパイスをふりかけて,味と香りのアクセントにする。翌日まで寝かせてから食べる。

◉カボシュ(キャベツ)のポタージュ

「カレーの本」(1390年)より。

1. キャベツを4等分に切り分け,タマネギをみじん切りにして,リーキの白い部分をスライスしてみじん切りにする。
2. 1をよいスープストックでゆでる。サフランと塩,甘いスパイスをくわえる。

◉グリーン・ポーレイ

「パリジャンの家政書 *Le Ménagier de Paris*」(1392年)(『パリの主人 *The Goodman of Paris*』アイリーン・パワーズ訳/1928年)より。

1. キャベツの外葉を除いて，残りの葉を細かくきざみ冷水で洗う。
2. 下ゆでをせずに，ベル果汁［未熟な果物の酸っぱい果汁］と少量の水で煮たら，その中に塩少々をくわえる。
3. 煮汁が不透明になって，もったりしたとろみがつくまでぐつぐつ煮こむ。
4. 深皿に注ぎ，好みに応じて塩バターか生バター，チーズを載せるか，古いベル果汁をかける。

………………………………………………

◉野菜の塩漬け

高濂（こうれん）「遵生八牋（じゅんせいはっせん）」（1591年）より。

1. 白菜（またはパクチョイ）の根と黄色くなった葉を落とし，白菜をきれいに洗って水気を切る。
2. 5キロの白菜の葉に同量の塩をまぶす。カンゾウの茎を清潔な壺に入れる。
3. 葉のあいだにも塩をふってから白菜を壺に入れる。少量のイノンド（ディル）をくわえる。全体を手で押し下げてカンゾウの茎を載せたら，その上に石を置く。
4. 3日後に白菜の上下を返す。塩水を絞りだしたら，ふたたび清潔な壺に入れる。塩水を白菜に注ぐ。
5. 7日後に同じ手順を繰り返す。きれいな真水を注いで重しを載せる。これでおいしい白菜の漬物ができる。

………………………………………………

◉ワンポット・シチュー

アントニオ・デ・ソリース「エウリディーチェとオルフェオ *Eurídice y Orfeo*」（1643年）（カロリン・ナドー訳）より。

ワンポット・シチューは，
魔法のように現れると思います？
マトンを入れて，
背脂とヒヨコマメ，
黒コショウにサフラン，
牛肉，ちょっとばかしのニンニク，
パセリにタマネギ，
それとキャベツも入れなくてはならないのでは？

………………………………………………

◉キャベツ・スープ（シチー）

ジョージ・トレヴァー「ロシアの古代と近代 *Russia Ancient and Modern*」（1862年）より。

キャベツ・スープ（シチー）はロシア国民の好きな料理で，さまざまな作り方がある。

キャベツ…6～7個
ひきわりオオムギ…225g
バター…110g
小間切れのマトン…900g
塩…ひとつかみ
クヴァス（ライムギのパンを水に浸し

て醱酵させたアルコール飲料）…2缶

キャベツを細かくきざみ，クヴァスに全部の材料を入れてとろ火で煮ると，普段の食事になる。

ひどく貧しい家庭ではバターとマトンを省略する。裕福な者はクヴァスの代わりにスープストックを使い，クリームなどの材料を足して料理を豪華にする。

………………………………………………

◉フランス風キャベツ・スープ

アレクシス・ソイヤー「現代の主婦，メナジェール」（1851年）のレシピを改変。

水…4リットル
塩漬けの豚肉かベーコン…1*kg*
キャベツ（千切り）…1*kg*
タマネギ（大，角切り）…2個
ニンジン（角切り）…1本
カブ（角切り）…1個
セロリ（みじん切り）…2株

1. すべての材料を，豚肉の脂が溶けて肉がやわらかくなるまで，3～4時間弱火で煮こむ。
2. 好みに応じて，塩，黒コショウ，もしくは赤砂糖で調味する。
3. 蓋つき深皿（チュリーン）にパンのスライスを入れ，そこにスープを注いで食卓に出す。

豚肉の代わりに，バター110*g*をくわえてもよい。このスープをキャベツだけで作る場合もある。

ソイヤーはこのことについて解説をくわえている。「小斎日（肉食禁止の日）にはよく，豚肉やベーコンを抜いて，種類はなんでもよいので野菜を多めにして100*g*強のバターをくわえる。またキャベツ以外に入れるものがないときは，それだけのスープにすることもめずらしくない。では，そうしたスープを国民がどう思っているかはさて置き，貧しい者の食事のよいところを見てみよう。わたしの知る強健な者どもは，これを心温まる食事にする。めったに口にしない肉をくわえるより，そのほうを好んでいるのだ」

………………………………………………

◉ガルビュール・ガスコニ（Garbure Gasconne）

『ジェーン・グリッグソンの野菜の本 *Jane Grigson's Vegetable Book*』（1978年），『フランスの田舎料理 *The Country Cooking of France*』（2012年），『コッフマンの傑作料理 *Classic Koffman*』（2016年）のレシピを改変。

ソテー用のガチョウもしくはカモの脂，あるいはベーコンを溶かした脂…15*g*
タマネギ（薄切り）…2個
カブ（薄切り）…2個
ジャガイモ（角切り）…4個

キャベツ（中）…½個（約500*g*）
塩漬けの豚肉…100*g*
カモのコンフィ（脂漬け）の脚…1本
オプション：白インゲンマメ（小）…150*g*
つけ合わせ：素朴なパンの厚切り

1. 大きめのスープ鍋を熱して脂を溶かす。野菜と塩漬けの豚をくわえ，ソテーしてかるく焦げ目をつける。
2. 水3リットルを注ぐ。ふやかした白インゲンマメを使用する場合はここで入れる。30分弱火で煮こむ。
3. カモのコンフィの脚をくわえて，さらに30分煮こむ。
4. スープから固形分を引きあげ，豚肉とカモの脚を薄くスライスする。
5. チュリーン（蓋つき深皿）の中に野菜と肉，パンを重ねる。スープを注いで食卓に出す。

……………………………………………

◉キャベツゼリー

19世紀半ばのイギリスの月刊誌「家庭の経済学 *The Family Economist*」より。

味わい深い小品で，ただゆでただけのキャベツより滋養になると評価する者もいる。

1. いつものようにキャベツをゆでたら，ザルにあけて水気が出なくなるまでよく絞る。
2. キャベツをみじん切りにして，バター，塩，コショウを少量くわえる。
3. 2を陶器の型にぎゅうぎゅうに詰めて1時間焼く。オーブンに入れても暖炉の火の前で焼いてもよい。
4. 片側が焼けたら裏返す。

……………………………………………

◉ビゴス

イエレーナ・モロハビエツ「古典的ロシア料理　イエレーナ・モロハビエツから若い主婦への贈り物」（1861年）より。1998年に米国のジョイス・トゥームレがこのレシピを翻訳し，次のような名で紹介している。「残りものの牛肉とザウアークラウトを使った猟師のシチュー（Bigos iz ostavshejsja zharenoj govjadiny, s kisloju kapustoju）」

1. ソースパン（シチュー鍋）に豚の脂身110*g*以上を並べ，グラス3杯のやや酸っぱくなったキャベツ［つまりザウアークラウト］の水気を絞ってくわえて，その上にさらに110*g*の豚の脂身かベーコンを載せる。
2. ブイヨンを注ぎ，蓋をしてとろ火で煮こむ。
3. ザウアークラウトに半分火がとおったら，豚の脂身を引きあげて，皮をつけたまま小さな角切りにする。
4. 調理ずみの牛肉や狩りの獲物の肉などを同じように切って，豚の脂身とともにザウアークラウトの鍋に混ぜたら

コショウをふる。
5. スプーン1杯のバターでスプーン半分の小麦粉をこんがり色づくまで炒め，みじん切りのタマネギとともに鍋にくわえる。
6. 鍋に蓋をして，ザウアークラウトがかすかにキツネ色になるまで弱火で煮こむ。ザウアークラウトが焦げつかないよう，こまめにスプーンでかき混ぜる。
7. 6が沸騰しているうちに，鍋の中身を大皿にあけるとよい。粉々にしたラスクをバターで炒め，その上にかけてオーブンで焼く。
8. 朝食や夕食でスープより前に食卓に出す。

◉ウクライナの祖母の味：ホロブツィ（Holubtsi，ロールキャベツ）

2016年にマリー・イエリザロワのレシピを許可を得て改変。

キャベツ（小）…1個（約900g）
豚ひき肉…250g
牛ひき肉…250g
炊いたコメ…300g
ニンジン（千切り）…1個
トマトピューレ…大さじ2
ニンニク（みじん切り）…2，3かけ
サワークリーム…大さじ2
水…60ml

1. キャベツの葉をはがす。大きなスープ鍋もしくはソースパンに半分水を入れ，塩ひとつまみをくわえて煮立たせる。キャベツの葉を静かに沈めて，2分間ゆでる。鍋からキャベツを引きあげて水気を切る。
2. 豚・牛のひき肉とニンジン，ニンニク，炊いたコメ，トマトピューレを混ぜ合わせる。
3. 俵型のロールキャベツを作る。キャベツの葉の中央に，肉だねを山盛り大さじ2杯置く。肉だねを包むようにキャベツの葉をたたむか葉で具を巻く。
4. キャベツの葉の巻き終わりを下にして深いダッチオーブン，つまり鋳鉄製の鍋に入れる。
5. ロールキャベツをきっちり鍋一杯に並べたら，その上から水60mlを注ぐ。さらにサワークリームと分量外のトマトピューレを合わせたものをかけてもよい（むやみにかき混ぜない）。ごく弱い火で，3時間もしくは完全に火がとおるまで煮こむ。

◉ザウアークラウト

サンダー・エリックス・キャッツ『天然発酵の世界』［きはらちあき訳／築地書館／2015年］のレシピを改訂。

漬けあがりまでの期間
1～4週間（かそれ以上）

必ず用意するもの
・陶磁器のかめ。プラスチック製バケツ，もしくは1リットル容量のガラスか陶磁器の広口瓶でもよい。金属製の容器は酸に弱いので使用しない。
・かめやバケツに入る大きさの皿か，水を入れたビニール袋。
・重しになるもの。皿に載せるなら，水を満たして蓋をした瓶でも清潔な石でもよい。
・布の覆い。タオルかチーズクロス（綿のこし布）。

（できあがり量1リットルの材料）
キャベツ（きざむかおろし金で千切りにする）…500g
塩…小さじ2½

1. 千切りにしたキャベツを大きなボウルに入れ，塩をふってよく混ぜる。
2. かめや広口瓶に1のキャベツを，できるだけ空気が入らないように両手や木製のスプーン，マッシャーで押し詰めて，キャベツの水気を出す。
3. 容器の中のキャベツを皿で覆いその上に重しを載せるか，水を一杯に入れたビニール袋で表面全体を覆う。これで醱酵するキャベツが空気に触れなくなる。このまま室温で保存する。
4. 24時間待つと，キャベツから出た漬け汁が上がって，キャベツ全体が浸かるようになる。漬け汁がキャベツを覆いきれていないときは，塩水を足してキャベツが沈むようにする。250mlの水に小さじ1杯の塩を入れてよく溶かし，キャベツが空気に触れなくなるまで注ぐ。
5. 2日間は18℃の低温で醱酵させ，その後醱酵具合を確かめる。ザウアークラウトは，気温が高いほど醱酵が早く，低いほど遅い。
6. 好みの酸味になったら重しを外して，容器の蓋を閉め冷蔵庫に移して醱酵のスピードを抑える。そのままでも，ザウアークラウト料理にしても楽しめる。

◉ザウアークラウト・ケーキ

「The Old Foodie」サイト（TheOldFoodie.com）のレシピを改変。

このレシピの由来は山ほどある。まずは，シカゴのウォラー・ハイスクールの食堂管理責任者，ジェラルディン・ティムズが生みの親だという説。米国農務省の余剰農産物委員会が供給過剰になったザウアークラウトを使い切るために，学校食堂の職員にレシピを募集したのがきっかけだったという。そのほかにも，ペンシルヴェニア州で，1960年代ふうのエイプリルフールのジョークとして作られたとも伝えられている。

ふるった小麦粉（中力粉でも可）…300g
ベーキングパウダー…大さじ1
ベーキングソーダ…大さじ1
塩…小さじ¼

無糖ココア…70*g*
バター…150*g*
砂糖…300*g*
卵…3個
バニラエッセンス…大さじ1
水…240*ml*
ザウアークラウト…50*g*

1. ザウアークラウトを洗って水気をしぼり，みじん切りにする。
2. 2個の丸い20*cm*ケーキ型に薄く油を塗り，小麦粉をふっておく。
3. 小麦粉とベーキングパウダー，ベーキングソーダ，塩，ココアを合わせて，広げたクッキングペーパーの上でふるう。
4. 大きなボウルにバターと砂糖を入れて，クリーム状になるまで練り混ぜる。
5. 卵をひとつずつ，さらにバニラエッセンスを順に入れる。それぞれを入れるたびにしっかり混ぜ合わせる。
6. 5に粉類を4回に分けて混ぜる。粉類，水，粉類……というように水もくわえ，水を足してムラがなくなるまで混ぜてから次の粉類を入れる。最初と最後が粉類になるようにする。
7. ザウアークラウトを混ぜたら，用意しておいたケーキ型に流し入れる。
8. 180℃に余熱したオーブンで30分ほど焼く。ケーキの中央に串を刺して何もつかなくなればOK。
9. ケーキラックに置いて完全に冷ます。好みのアイシングをして完成。

……………………………………………

◉キャベツとキヌアのコンフェッティ

ローラ・B・ラッセル『アブラナ科アブラナ属　世界一健康的な野菜料理　ケール，カリフラワー，ブロッコリー，メキャベツなど *Brassicas: Cooking with the World's Healthiest Vegetables: Kale, Cauliflower, Broccoli, Brussels Sprouts and More*』（2012年）のレシピを改変。

赤キャベツ…500*g*（小½玉）
バターかオイル…大さじ1
ニンニク（みじん切り）…大きめの2かけ
生ショウガ（みじん切り）…大さじ1
赤ピーマン（角切り）…1個
粉末ターメリック…小さじ½
コーシャーソルト*…小さじ¾
水煮した白キヌア…250*ml*
＊ユダヤ教徒のために清められた塩

1. 深めで大きなフライパンを中強火にかけて，バター，ニンニク，ショウガを炒める。
2. フライパンの材料がジュージュー音をたててきたら，角切りにした赤ピーマンをくわえて，やわらかくなりはじめる（3分くらい）まで，混ぜながら炒める。
3. キャベツとターメリック，塩小さじ½をくわえて，キャベツがしんなりするまで混ぜながら炒める。

4. キヌアと残りの塩を入れてよくかき混ぜる。熱くなるまで2分ほど炒める。
5. 熱々でも冷めてもおいしい。

……………………………………………

●白菜と豚肉の中国東北部風餃子

ニーナ・シモンズのレシピを改変。

白菜（みじん切り）…400*g*
塩…大さじ1
豚肩ロースのひき肉…500*g*
ニラ（みじん切り）…200*g*（長ネギのみじん切り150*g*とニンニクのみじん切り大さじ1でも可）
醤油…大さじ2½
ゴマ油…大さじ2
紹興酒か日本酒…大さじ1½
根ショウガ（みじん切り）…大さじ1½
片栗粉…大さじ1½
餃子の皮…50枚
醤油…120*ml*
ニンニク（みじん切り）…大さじ1

1. みじん切りにした白菜をボウルに入れて塩をくわえ，かるく混ぜ合わせる。30分置いたら，しっかり水気を絞る。
2. 白菜に豚のひき肉，みじん切りにしたニラ（もしくは長ネギとニンニク），醤油大さじ2½，ゴマ油，紹興酒，根ショウガ，片栗粉大さじ1を入れてよく混ぜる。
3. ベーキングシートか皿に片栗粉をふる。餃子の皮の中央に小さじ1の具を置く。皮の縁を水で濡らしてから半分にたたみ，縁を押して閉じ合わせる。包み終わった餃子を，片栗粉をふった皿に並べる。
4. 醤油とみじん切りのニンニクを混ぜて，たれを作る。
5. 大きな深鍋に水3リットルを入れ，強火で煮立たせる。半分量の餃子を入れてくっつかないように混ぜ，ふたたびお湯を沸騰させる。そのまま5分間待ち，ストレーナーか穴あきスプーンですくう。
6. ふたたびお湯を沸騰させて，残りの餃子を入れて火をとおす。できるだけ早く食卓に出す。

……………………………………………

●キムチとグレープフルーツのマルガリータ

ローリン・チョン『キムチ料理　伝統的・現代的なキムチの作り方と食べ方60通り *Lauryn Chun, The Kimchi Cookbook: 60 Traditional and Modern Ways to Make and Eat Kimchi*』（2012年）のレシピを改変。

テキーラ…240*ml*
生のハバネロトウガラシ…半分
白菜キムチ…240*ml*
キムチの漬け汁…大さじ1
ピンクグレープフルーツの搾り汁…320*ml*
飾り用のピンクグレープフルーツのス

ライス…4切れ

1. ピンクグレープフルーツのスライス以外のすべての材料を，大きなボウルに入れて混ぜ合わせる。
2. 2時間以上置いて，材料の風味を浸出させる。
3. 固形分をこして，氷をたっぷり入れたグラス4個に注ぎ，グレープフルーツのスライスを飾る。

メグ・マッケンハウプト（Meg Muckenhoupt）
ハーバード大学とブラウン大学で学位を取得。ニューイングランド・ワイルド・フラワー・ソサイエティの野外植物学課程を修了した。『ボストンの庭園と緑地 *Boston Gardens and Green Spaces*』（2010年）など，エコロジー，旅行史，食物をテーマとした著書がある。米マサチューセッツ州レキシントン在住。

角 敦子（すみ・あつこ）
1959年，福島県会津若松市に生まれる。津田塾大学英文科卒。銃から歴史，恋愛までさまざまなジャンルのノンフィクションの翻訳に取り組む。訳書に，ジョン・D・ライト『図説 ヴィクトリア朝時代』，ビョルン・ベルゲ『世界から消えた50の国』，エリザベス・ウィルハイド編『デザイン歴史百科図鑑』，イアン・グラハム『図説世界史を変えた50の船』，マーティン・ドアティ他『銃と戦闘の歴史図鑑』（以上，原書房），デイヴィッド・ブロー『アッバース大王』（中央公論新社）などがある。

「食《しよく》」の図書館《としよかん》

キャベツと白菜《はくさい》の歴史《れきし》

●

2019 年 *4* 月 *23* 日　第 *1* 刷

著者……………メグ・マッケンハウプト
訳者……………角《すみ》 敦子《あつこ》
装幀……………佐々木正見
発行者……………成瀬雅人
発行所……………株式会社原書房

〒 160-0022 東京都新宿区新宿 1-25-13
電話・代表 03(3354)0685
振替・00150-6-151594
http://www.harashobo.co.jp

印刷……………新灯印刷株式会社
製本……………東京美術紙工協業組合

ISBN 978-4-562-05651-4, Printed in Japan

パンの歴史　《「食」の図書館》

ウィリアム・ルーベル／堤理華訳

変幻自在のパンの中には、よりよい食と暮らしを追い求めてきた人類の歴史がつまっている。多くのカラー図版とともに読み解く人とパンの6千年の物語。世界中のパンで作るレシピ付。　２０００円

カレーの歴史　《「食」の図書館》

コリーン・テイラー・セン／竹田円訳

「グローバル」という形容詞がふさわしいカレー。インド、イギリス、ヨーロッパ、南北アメリカ、アフリカ、アジア、日本など、世界中のカレーの歴史について豊富なカラー図版とともに楽しく読み解く。　２０００円

キノコの歴史　《「食」の図書館》

シンシア・D・バーテルセン／関根光宏訳

「神の食べもの」か「悪魔の食べもの」か？　キノコ自体の平易な解説はもちろん、採集・食べ方・保存、毒殺と中毒、宗教と幻覚、現代のキノコ産業についてまで述べた、キノコと人間の文化の歴史。　２０００円

お茶の歴史　《「食」の図書館》

ヘレン・サベリ／竹田円訳

中国、イギリス、インドの緑茶や紅茶のみならず、中央アジア、ロシア、トルコ、アフリカまで言及した、まさに「お茶の世界史」。日本茶、プラントハンター、ティーバッグ誕生秘話など、楽しい話題満載。　２０００円

スパイスの歴史　《「食」の図書館》

フレッド・ツァラ／竹田円訳

シナモン、コショウ、トウガラシなど5つの最重要スパイスに注目し、古代～大航海時代～現代まで、食はもちろん経済、戦争、科学など、世界を動かす原動力としてのスパイスのドラマチックな歴史を描く。　２０００円

（価格は税別）

鮭の歴史 《「食」の図書館》

ニコラース・ミンク／大間知知子訳

人間がいかに鮭を獲り、食べ、保存（塩漬け、燻製、缶詰ほか）してきたかを描く、鮭の食文化史。アイヌを含む日本の事例も詳しく記述。意外に短い生鮭の歴史、遺伝子組み換え鮭など最新の動向もつたえる。 2000円

レモンの歴史 《「食」の図書館》

トビー・ゾンネマン／高尾菜つこ訳

しぼって、切って、漬けておいしく、油としても使えるレモンの歴史。信仰や儀式との関係、メディチ家の重要な役割、重病の特効薬など、アラブ人が世界に伝えた果物には驚きのエピソードがいっぱい！ 2000円

牛肉の歴史 《「食」の図書館》

ローナ・ピアッティ＝ファーネル／富永佐知子訳

人間が大昔から利用し、食べ、尊敬してきた牛。世界の牛肉利用の歴史、調理法、牛肉と文化の関係等、多角的に描く。成育における問題等にもふれ、「生き物を食べること」の意味を考える。 2000円

ハーブの歴史 《「食」の図書館》

ゲイリー・アレン／竹田円訳

ハーブとは一体なんだろう？ スパイスとの関係は？ それとも毒？ 答えの数だけある人間とハーブの物語の数々を紹介。人間の食と医、民族の移動、戦争…ハーブには驚きのエピソードがいっぱい。 2000円

コメの歴史 《「食」の図書館》

レニー・マートン／龍和子訳

アジアと西アフリカで生まれたコメは、いかに世界中へ広がっていったのか。伝播と食べ方の歴史、日本の寿司や酒をはじめとする各地の料理、コメと芸術、コメと祭礼など、コメのすべてをグローバルに描く。 2000円

（価格は税別）

ソースの歴史　《「食」の図書館》

メアリアン・テブン著　伊藤はるみ訳

高級フランス料理からエスニック料理、B級ソースまで…世界中のソースを大研究！　実は難しいソースの定義、進化と伝播の歴史、各国ソースのお国柄、「うま味」の秘密など、ソースの歴史を楽しくたどる。

２２００円

水の歴史　《「食」の図書館》

イアン・ミラー著　甲斐理恵子訳

安全な飲み水の歴史は実は短い。いや、飲めない地域は今も多い。不純物を除去、配管・運搬し、酒や炭酸水として飲み、高級商品にもする…古代から最新事情まで、水の驚きの歴史を描く。

２２００円

オレンジの歴史　《「食」の図書館》

クラリッサ・ハイマン著　大間知知子訳

甘くてジューシー、ちょっぴり苦いオレンジは、エキゾチックな富の象徴、芸術家の霊感の源だった。原産地中国から世界中に伝播した歴史と、さまざまな文化や食生活に残した足跡をたどる。

２２００円

ナッツの歴史　《「食」の図書館》

ケン・アルバーラ著　田口未和訳

クルミ、アーモンド、ピスタチオ…独特の存在感を放つナッツは、ヘルシーな自然食品として再び注目を集めている。世界の食文化にナッツはどのように取り入れられていったのか。多彩なレシピも紹介。

２２００円

ソーセージの歴史　《「食」の図書館》

ゲイリー・アレン著　伊藤綺訳

古代エジプト時代からあったソーセージ。原料、つくり方、食べ方…地域によって驚くほど違う世界中のソーセージの歴史。馬肉や血液、腸以外のケーシング（皮）など珍しいソーセージについてもふれる。

２２００円

（価格は税別）

脂肪の歴史　《「食」の図書館》
ミシェル・フィリポフ著　服部千佳子訳

絶対に必要だが嫌われ者…脂肪。油、バター、ラードほか、おいしさの要であるだけでなく、豊かさ（同時に「退廃」）の象徴でもある脂肪の驚きの歴史。良い脂肪／悪い脂肪論や代替品の歴史にもふれる。　2200円

バナナの歴史　《「食」の図書館》
ローナ・ピアッティ＝ファーネル著　大山晶訳

誰もが好きなバナナの歴史は、意外にも波瀾万丈。栽培の始まりから神話や聖書との関係、非情なプランテーション経営、「バナナ大虐殺事件」に至るまで、さまざまな視点でたどる。世界のバナナ料理も紹介。　2200円

サラダの歴史　《「食」の図書館》
ジュディス・ウェインラウブ著　田口未和訳

緑の葉野菜に塩味のディップ…古代のシンプルなサラダがヨーロッパから世界に伝わるにつれ、風土や文化に合わせて多彩なレシピを生み出していく。前菜から今ではメイン料理にもなったサラダの驚きの歴史。　2200円

パスタと麵の歴史　《「食」の図書館》
カンタ・シェルク著　龍和子訳

イタリアの伝統的パスタについてはもちろん、悠久の歴史を誇る中国の麵、アメリカのパスタ事情、アジアや中東の麵料理、日本のそば／うどん／即席麵など、世界中のパスタと麵の進化を追う。　2200円

タマネギとニンニクの歴史　《「食」の図書館》
マーサ・ジェイ著　服部千佳子訳

主役ではないが絶対に欠かせず、吸血鬼を撃退し血液と心臓に良い。古代メソポタミアの昔から続く、タマネギやニンニクなどのアリウム属と人間の深い関係を描く。暮らし、交易、医療…意外な逸話を満載。　2200円

（価格は税別）

トリュフの歴史　《「食」の図書館》

ザッカリー・ノワク著　富原まさ江訳

かつて「蛮族の食べ物」とされたグロテスクなキノコはいかにグルメ垂涎の的となったのか。文化・歴史・科学等の幅広い観点からトリュフの謎に迫る。フランス・イタリア以外の世界のトリュフも取り上げる。２２００円

ブランデーの歴史　《「食」の図書館》

ベッキー・スー・エプスタイン著　大間知知子訳

「ストレートで飲む高級酒」が「最新流行のカクテルベース」に変身…再び脚光を浴びるブランデーの歴史。蒸溜と錬金術、三大ブランデーの歴史、ヒップホップとの関係、世界のブランデー事情等、話題満載。２２００円

ハチミツの歴史　《「食」の図書館》

ルーシー・M・ロング著　大山晶訳

現代人にとっては甘味料だが、ハチミツは古来神々の食べ物であり、薬、保存料、武器でさえあった。ミツバチと養蜂、食べ方・飲み方の歴史から、政治、経済、文化との関係まで、ハチミツと人間との歴史。２２００円

海藻の歴史　《「食」の図書館》

カオリ・オコナー著　龍和子訳

欧米では長く日の当たらない存在だったが、スーパーフードとしていま世界中から注目される海藻…世界各地のすぐれた海藻料理、海藻食文化の豊かな歴史をたどる。日本の海藻については一章をさいて詳述。２２００円

ニシンの歴史　《「食」の図書館》

キャシー・ハント著　龍和子訳

戦争の原因や国際的経済同盟形成のきっかけとなるなど、世界の歴史で重要な役割を果たしてきたニシン。食、環境、政治経済…人間とニシンの関係を多面的に考察。日本のニシン、世界各地のニシン料理も詳述。２２００円

（価格は税別）

ジンの歴史 《「食」の図書館》

レスリー・J・ソルモンソン著　井上廣美訳

オランダで生まれ、イギリスで庶民の酒として大流行。やがてカクテルのベースとして不動の地位を得たジン。今も進化するジンの魅力を歴史的にたどる。新しい動き「ジン・ルネサンス」についても詳述。　２２００円

バーベキューの歴史 《「食」の図書館》

J・ドイッチュ／M・J・イライアス著　伊藤はるみ訳

たかがバーベキュー。されどバーベキュー。火と肉だけのシンプルな料理ゆえ世界中で独自の進化を遂げたバーベキューは、祝祭や政治等の場面で重要な役割も担ってきた。奥深いバーベキューの世界を大研究。　２２００円

トウモロコシの歴史 《「食」の図書館》

マイケル・オーウェン・ジョーンズ著　元村まゆ訳

九千年前のメソアメリカに起源をもつトウモロコシ。人類にとって最重要なこの作物がコロンブスによってヨーロッパへ伝えられ、世界へ急速に広まったのはなぜか。食品以外の意外な利用法も紹介する。　２２００円

ラム酒の歴史 《「食」の図書館》

リチャード・フォス著　内田智穂子

カリブ諸島で奴隷が栽培したサトウキビで造られたラム酒。有害な酒とされるも世界中で愛され、現在では多くのカクテルのベースとなり、高級品も造られている。多面的なラム酒の魅力とその歴史に迫る。　２２００円

ピクルスと漬け物の歴史 《「食」の図書館》

ジャン・デイヴィソン著　甲斐理恵子訳

浅漬け、沢庵、梅干し。日本人にとって身近な漬け物は、古代から世界各地でつくられてきた。料理や文化としての発展の歴史、巨大ビジネスとなった漬け物産業、漬け物が食料問題を解決する可能性にまで迫る。　２２００円

（価格は税別）

ケーキの歴史物語《お菓子の図書館》

ニコラ・ハンブル／堤理華訳

ケーキって一体なに？　いつ頃どこで生まれた？　フランスは豪華でイギリスは地味なのはなぜ？　始まり、作り方と食べ方の変遷、文化や社会との意外な関係など、実は奥深いケーキの歴史を楽しく説き明かす。　２０００円

アイスクリームの歴史物語《お菓子の図書館》

ローラ・ワイス／竹田円訳

アイスクリームの歴史は、多くの努力といくつかの素敵な偶然で出来ている。「超ぜいたく品」から大量消費社会に至るまで、コーンの誕生と影響力など、誰も知らないトリビアが盛りだくさんの楽しい本。　２０００円

チョコレートの歴史物語《お菓子の図書館》

サラ・モス、アレクサンダー・バデノック／堤理華訳

マヤ、アステカなどのメソアメリカで「神への捧げ物」だったカカオが、世界中を魅了するチョコレートになるまでの激動の歴史。原産地搾取という「負」の歴史、企業のイメージ戦略などについても言及。　２０００円

パイの歴史物語《お菓子の図書館》

ジャネット・クラークソン／竹田円訳

サクサクのパイは、昔は中身を保存・運搬するただの入れ物だった!?　中身を真空パックする実用料理だったパイが、芸術的なまでに進化する驚きの歴史。パイにこめられた庶民の知恵と工夫をお読みあれ。　２０００円

パンケーキの歴史物語《お菓子の図書館》

ケン・アルバーラ／関根光宏訳

甘くてしょっぱくて、素朴でゴージャス――変幻自在なパンケーキの意外に奥深い歴史。あっと驚く作り方・食べ方から、社会や文化、芸術との関係まで、パンケーキの楽しいエピソードが満載。レシピ付。　２０００円

（価格は税別）